网络与新媒体专业系列丛书

新媒体数据分析项目化教程

杨霁琳 编著

清华大学出版社
北京

内 容 简 介

本书作为新媒体数据分析的教学用书，采用任务式教学模式，融合丰富的项目实训案例，系统、全面地介绍新媒体运营过程中涉及的各种数据分析方法和技巧。

本书分 8 个项目，项目 1 讲解新媒体数据分析的基础知识；项目 2 讲解新媒体数据分析的思维、方法和工具；项目 3 讲解新媒体数据的采集与处理；项目 4 讲解自媒体平台数据分析；项目 5 讲解短视频平台数据分析；项目 6 讲解网站数据分析；项目 7 讲解新媒体数据可视化；项目 8 讲解新媒体数据分析报告。

本书内容全面，专业性较强，能够切实有效地帮助读者掌握新媒体数据分析的方法和技能，并为其提供最实用的新媒体数据分析指导。本书既可作为新媒体从业者学习新媒体数据分析的参考书，也可作为高等院校新媒体数据分析课程的实用教材。

版权所有，侵权必究。举报：010-62782989，beiqinquan@tup.tsinghua.edu.cn。

图书在版编目 (CIP) 数据

新媒体数据分析项目化教程 / 杨霁琳编著 . -- 北京：清华大学出版社，2024.8. --（网络与新媒体专业系列丛书）. -- ISBN 978-7-302-67060-5

Ⅰ. G206.2-39

中国国家版本馆 CIP 数据核字第 2024F0S298 号

责任编辑：黄　芝　薛　阳
封面设计：刘　键
版式设计：方加青
责任校对：郝美丽
责任印制：刘海龙

出版发行：清华大学出版社
网　　址：https://www.tup.com.cn，https://www.wqxuetang.com
地　　址：北京清华大学学研大厦 A 座　　邮　编：100084
社 总 机：010-83470000　　邮　购：010-62786544
投稿与读者服务：010-62776969，c-service@tup.tsinghua.edu.cn
质 量 反 馈：010-62772015，zhiliang@tup.tsinghua.edu.cn
印 装 者：艺通印刷（天津）有限公司
经　　销：全国新华书店
开　　本：185mm×260mm　　印　张：14.25　　字　数：319 千字
版　　次：2024 年 8 月第 1 版　　印　次：2024 年 8 月第 1 次印刷
印　　数：1 ～ 2000
定　　价：59.80 元

产品编号：102787-01

前言

一、本书的编写初衷

在当前信息化、数据化的时代背景下，新媒体行业正在以前所未有的速度发展壮大。新媒体不仅改变了人们获取信息和传播信息的方式，也重塑了商业、社会和个人的互动模式，越来越多的企业和个人开始借助新媒体平台开展营销活动。

新媒体是依托互联网而发展的一种新兴媒体，在新媒体运营过程中会产生大量的数据，如粉丝数据、图文数据、转化数据等。如果能对这些新媒体数据进行系统、科学的分析，便能有效地提升新媒体的运营效率。

新媒体运营的方方面面都离不开数据的支撑，数据分析能力也成为新媒体运营者必须掌握的核心技能之一。因此，我们特别为新媒体运营人员和新媒体数据分析人员量身打造这本项目实战教材，旨在帮助学习者切实掌握新媒体数据分析的各项工作技能。

二、本书的内容

本书秉持理论与实践相结合的理念，以培养新媒体数据分析的技能型人才为目标，利用 Excel 等数据分析工具，结合大量新媒体数据分析案例，系统讲解新媒体数据分析的基本概念、关键指标、工具、流程，以及各新媒体平台的具体分析方法。

本书共分 8 个项目，采用"基础知识 + 操作技巧 + 课堂实训 + 课后作业"的结构进行编写，全书秉持有思想、有目标、有方法、有操作、有实战的教学理念，不仅适合新媒体运营及新媒体内容生产的学习者和从业者学习，更适合作为高等院校新媒体数据分析课程的实用教材。

项目 1：讲解新媒体数据分析的基础知识，包括新媒体数据分析的概念和价值、新媒体数据分析的步骤以及新媒体数据分析人员的基本要求等内容。

项目 2：讲解新媒体数据分析的思维、方法和工具。

项目 3：讲解新媒体数据的采集与处理，包括新媒体数据的类别、新媒体数据的来源、新媒体数据的获取渠道、数据清洗、数据加工、数据处理等内容。

项目4：讲解自媒体平台数据分析，包括微信公众号、微博、今日头条和小红书等主流自媒体平台的数据分析方法。

项目5：讲解短视频平台数据分析，包括抖音号的基础数据分析、视频数据分析、直播数据分析、带货数据分析、粉丝数据分析和快手号的作品分析、用户分析、直播分析等内容。

项目6：讲解网站数据分析，包括网站数据分析的作用和常用指标、网站流量分析、访客来源分析、访问页面分析、访客分析以及用户转化率分析等内容。

项目7：讲解新媒体数据可视化相关内容，包括新媒体数据可视化的作用、设计要点、图表以及应用等内容。

项目8：讲解新媒体数据分析报告，包括新媒体数据分析报告的作用、类别、撰写原则、撰写思路、撰写流程以及撰写要点等内容。

在编写过程中，尽管编者着力打磨内容，精益求精，但限于编者水平，书中难免有不足之处，欢迎广大读者提出宝贵意见和建议。

编　者

2024年6月

目录

项目 1　新媒体数据分析概述 / 1

任务 1.1　认识新媒体数据分析 / 2

　　子任务 1.1.1　什么是新媒体数据分析 / 2

　　子任务 1.1.2　新媒体数据分析的价值 / 2

任务 1.2　新媒体数据分析的步骤 / 6

　　子任务 1.2.1　明确目的 / 7

　　子任务 1.2.2　采集数据 / 7

　　子任务 1.2.3　处理数据 / 8

　　子任务 1.2.4　分析数据 / 9

　　子任务 1.2.5　呈现数据 / 12

任务 1.3　新媒体数据分析人员的基本要求 / 12

　　子任务 1.3.1　责任心 / 12

　　子任务 1.3.2　分析能力 / 13

　　子任务 1.3.3　专业技能知识 / 14

　　子任务 1.3.4　经验与沟通能力 / 14

课堂实训　列举新媒体数据分析的应用案例 / 15

课后作业 / 17

项目 2　新媒体数据分析的思维、方法与工具 / 18

任务 2.1　新媒体数据分析的思维 / 19

子任务 2.1.1 对比思维 / 19

子任务 2.1.2 拆分思维 / 20

子任务 2.1.3 增维思维 / 21

子任务 2.1.4 降维思维 / 21

子任务 2.1.5 假设思维 / 22

任务 2.2 新媒体数据分析的常用方法 / 22

子任务 2.2.1 对比分析法 / 23

子任务 2.2.2 分组分析法 / 25

子任务 2.2.3 聚类分析法 / 26

子任务 2.2.4 漏斗分析法 / 27

子任务 2.2.5 雷达分析法 / 27

子任务 2.2.6 回归分析法 / 28

任务 2.3 新媒体数据分析的常用工具 / 30

子任务 2.3.1 西瓜数据 / 30

子任务 2.3.2 新榜平台 / 30

子任务 2.3.3 神策数据 / 31

子任务 2.3.4 清博智能 / 32

子任务 2.3.5 微信指数 / 32

课堂实训 使用漏斗图展示某新媒体账号的客户转化率和流失率情况 / 34

课后作业 / 40

项目 3 新媒体数据的采集与处理 / 41

任务 3.1 新媒体数据的采集 / 42

子任务 3.1.1 新媒体数据的类别 / 42

子任务 3.1.2 新媒体数据的来源 / 44

子任务 3.1.3 新媒体数据的获取渠道 / 46

任务 3.2 新媒体数据处理 / 52

子任务 3.2.1 数据清洗 / 53

子任务 3.2.2 数据加工 / 59

子任务 3.2.3 数据处理 / 65

课堂实训 1　通过百度指数获取关键词相关数据 / 74

课堂实训 2　使用 Excel 将二维表转换成一维表 / 78

课后作业 / 81

项目 4　自媒体平台数据分析 / 82

任务 4.1　微信公众号 / 83

子任务 4.1.1　用户数据分析 / 83

子任务 4.1.2　内容数据分析 / 88

子任务 4.1.3　菜单数据分析 / 91

子任务 4.1.4　消息数据分析 / 92

任务 4.2　微博 / 93

子任务 4.2.1　粉丝数据分析 / 94

子任务 4.2.2　内容数据分析 / 99

子任务 4.2.3　互动数据分析 / 101

任务 4.3　今日头条 / 103

子任务 4.3.1　作品数据分析 / 104

子任务 4.3.2　粉丝数据分析 / 108

子任务 4.3.3　收益数据分析 / 110

任务 4.4　小红书 / 113

子任务 4.4.1　达人粉丝画像分析 / 114

子任务 4.4.2　关键词数据分析 / 114

子任务 4.4.3　投后数据分析 / 116

课堂实训 1　搭建今日头条的文章阅读量数据指标体系 / 116

课堂实训 2　在小红书中查看数据分析内容 / 117

课后作业 / 120

项目 5　短视频平台数据分析 / 121

任务 5.1　抖音 / 122

子任务 5.1.1　基础数据分析 / 123

子任务 5.1.2　视频数据分析 / 126

子任务 5.1.3 直播数据分析 / 127

子任务 5.1.4 带货数据分析 / 128

子任务 5.1.5 粉丝数据分析 / 131

任务 5.2 快手 / 133

子任务 5.2.1 作品分析 / 134

子任务 5.2.2 用户分析 / 138

子任务 5.2.3 直播分析 / 140

课堂实训 利用"飞瓜数据"分析单场抖音直播数据 / 142

课后作业 / 145

项目 6 网站数据分析 / 146

任务 6.1 网站数据分析基础 / 147

子任务 6.1.1 网站数据分析的作用 / 147

子任务 6.1.2 网站数据分析的常用指标 / 148

任务 6.2 网站流量分析 / 149

子任务 6.2.1 网站流量分析的意义 / 149

子任务 6.2.2 网站浏览量分析 / 150

子任务 6.2.3 网站访客数分析 / 151

任务 6.3 访客来源分析 / 152

子任务 6.3.1 来源渠道 / 153

子任务 6.3.2 关键词和搜索词分析 / 153

任务 6.4 访问页面分析 / 155

子任务 6.4.1 跳出率分析 / 155

子任务 6.4.2 访问时长分析 / 156

子任务 6.4.3 热力点击图分析 / 156

任务 6.5 访客分析 / 157

子任务 6.5.1 访客基本属性分析 / 157

子任务 6.5.2 系统环境分析 / 158

子任务 6.5.3 用户忠诚度分析 / 159

任务 6.6 用户转化率分析 / 160

子任务 6.6.1 转化率分析的指标 / 160

子任务 6.6.2 分析转化率的注意事项 / 160

子任务 6.6.3 影响用户转化率的因素 / 160

课堂实训 分析淘宝网店的流量结构 / 162

课后作业 / 166

项目 7 新媒体数据可视化 / 167

任务 7.1 认识新媒体数据可视化 / 168

子任务 7.1.1 数据可视化的作用 / 168

子任务 7.1.2 数据可视化的设计要点 / 171

任务 7.2 数据可视化图表 / 175

子任务 7.2.1 数据可视化图表的常用工具 / 175

子任务 7.2.2 认识 Excel 图表 / 178

任务 7.3 新媒体数据可视化的应用 / 182

子任务 7.3.1 使用饼图展示某企业各新媒体账号的粉丝数占比情况 / 182

子任务 7.3.2 使用柱形图展示某直播间商品的销量高低 / 185

子任务 7.3.3 使用折线图展示某新媒体账号 2023 年的运营收入变化趋势 / 186

子任务 7.3.4 使用散点图展示某新媒体账号的作品展现量和阅读量情况 / 187

子任务 7.3.5 使用条形图展示某新媒体网站近一周的访问量情况 / 190

课堂实训 1 使用双坐标图展示直播观看人数和直播销量的趋势 / 191

课堂实训 2 使用波士顿矩阵图展示各新媒体营销渠道的成交额占比和环比增长率情况 / 194

课后作业 / 201

项目 8 新媒体数据分析报告 / 202

任务 8.1 新媒体数据分析报告概述 / 203

子任务 8.1.1 新媒体数据分析报告的作用 / 203

子任务 8.1.2 新媒体数据分析报告的类别 / 204

任务 8.2 撰写新媒体数据分析报告 / 205

子任务 8.2.1 新媒体数据分析报告的撰写原则 / 205

子任务 8.2.2　新媒体数据分析报告的撰写思路 / 206

子任务 8.2.3　新媒体数据分析报告的撰写流程 / 209

子任务 8.2.4　新媒体数据分析报告的撰写要点 / 209

课堂实训　撰写"企业新媒体账号推广费用与推广效果专项研究报告" / 211

课后作业 / 215

项目 1　新媒体数据分析概述

随着以数字化和移动网络为主体的新媒体时代的到来，媒体内容的生产方式和信息传播的方式都产生了巨大的革新。在新媒体时代，数据和媒体越来越多地融合在一起，数据分析技术已经渗透到了新媒体的各个领域。本项目将介绍新媒体数据分析的概念和价值、新媒体数据分析的步骤，以及新媒体数据分析人员的基本要求。

任务 1.1　认识新媒体数据分析

在新媒体时代，数据分析具有非常重要的作用和意义。运用新媒体数据分析手段进行内容生产，促进信息传播，已然成为新媒体运营的常态。

子任务 1.1.1　什么是新媒体数据分析

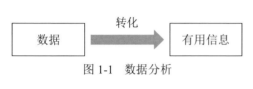

图 1-1　数据分析

新媒体数据分析就是利用各种数据统计分析方法，对新媒体平台上产生的大量数据进行收集、整理、分析和挖掘，从中提炼有用的信息并加以研究和总结的过程。简单来说，数据分析就是将数据转化为有用信息的过程，如图 1-1 所示。

新媒体数据包括用户行为数据（如浏览量、点赞数、评论数等）、内容数据（如文章、视频、图片等），以及社交媒体数据（如社交网络上的用户关系、传播路径等）等。

新媒体数据分析的目的是通过对这些数据进行深入的研究，获取对企业和机构运营和决策具有价值的信息。这些信息包括用户画像、用户兴趣和需求、内容热度、传播效果分析等。借助新媒体数据分析，企业和机构可以更好地了解用户行为和反馈，优化内容和策略，提升用户参与度和留存率，同时也可以通过分析竞争对手的数据来评估自身在市场中的竞争力。

新媒体数据分析主要依赖于数据分析工具和技术，如数据挖掘、机器学习、人工智能等。通过对大数据进行统计和模型分析，可以发现不同数据之间的关联性和规律性，并根据这些规律对运营决策进行调整和优化。

子任务 1.1.2　新媒体数据分析的价值

随着新媒体行业竞争的加剧，精细化运营势在必行。不少新媒体运营人员逐渐从过去靠感觉、凭经验运营，转向由数据驱动运营决策，通过数据来指导运营工作。总体来说，新媒体数据分析包含以下四大价值，如图 1-2 所示。

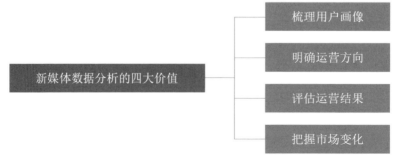

图 1-2　新媒体数据分析的四大价值

1. 梳理用户画像

用户画像是指通过对用户行为数据进行挖掘和分析，得出的关于用户属性特征的信息。用户画像包括用户的基本信息（如性别、年龄、地域等）、兴趣爱好、消费习惯、行为习惯等方面的信息。

通过对用户在平台上的浏览、点赞、评论等行为数据的分析，从而得出用户的兴趣爱好和行为习惯。同时，也可以通过用户注册信息、购买行为等数据，从而得到用户的基本信息和消费习惯。

用户画像的作用很多。首先，用户画像可以帮助企业和机构进行精准的目标用户定位。企业可以根据用户画像优化产品和服务，从而提高用户的满意度和参与度。其次，用户画像可以帮助企业和机构进行精准的广告投放。基于对用户画像的了解，企业可以将广告投放给潜在用户，进而提高广告的转化率。最后，用户画像还可以帮助企业和机构进行市场和竞争对手分析，了解用户群体和市场趋势，制定更有效的营销策略。

用户画像的建立需要借助数据分析工具和技术，如数据挖掘、机器学习等。通过对海量的用户数据进行整理、分析和挖掘，得出用户的属性特征信息。同时，用户画像也需要不断地更新和优化，随着用户行为和需求的变化，还需要不断地对用户进行画像重新建立。

新媒体运营工作围绕用户展开，明确用户画像非常重要。某微信公众号的用户性别分布如图1-3所示。从图1-3中可以看到关注该公众号的男性用户要略高于女性用户，那么该公众号发布的内容就应该更侧重于与男性用户相关的话题，如金融、科技、游戏等。

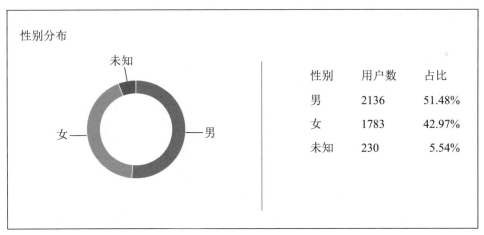

图1-3 某微信公众号的用户性别分布

2. 明确运营方向

企业的运营方向是通过对用户需求和企业自身优势的综合分析得出的。对于用户需求，企业可以通过分析后台用户反馈数据得到，如粉丝量、评论量、点赞量等；对于企业自身优势，企业可以从自己过去发布内容的反馈数据中得到，如发布哪个主题的内容更受欢迎。

例如，某企业对其运营的几个新媒体账号的粉丝量进行统计，如图1-4所示。根据统计结果，该企业抖音账号的粉丝量最多，故该企业应当将内容运营的重心放在抖音平台。

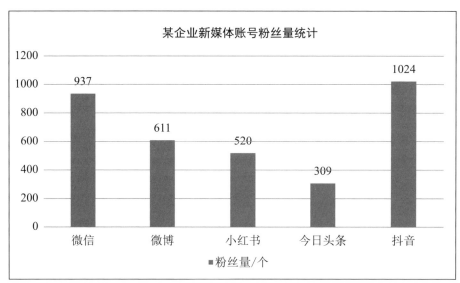

图1-4　某企业新媒体账号粉丝量统计

明确企业运营方向的步骤及其具体方法如下。

（1）数据收集和整理。收集并整理用户的反馈数据，包括粉丝量、评论量、点赞量等。同时，对过去发布的内容进行回顾和分析，了解哪些话题或内容更受欢迎，可以帮助企业了解用户的兴趣和需求。

（2）数据挖掘和分析。通过数据分析工具和技术，对收集到的数据进行深入挖掘和分析。可以通过统计分析、情感分析、主题分析等方法来获取更多的信息。

（3）用户调研和反馈收集。除了分析后台数据，还可以主动进行用户调研，通过问卷调查、访谈等方式了解用户的需求和反馈。

（4）竞争对手分析。关注竞争对手的运营方向，从中找出各自的劣势和优势。

（5）总结和归纳。通过分析数据和调研结果，总结用户的需求和偏好，并结合企业自身的优势，找到与市场和用户之间的契合点。

（6）制定运营策略。根据以上分析结果，明确运营方向，制定运营策略。这包括确定发布内容的主题、格式、频率，以及与用户互动的方式等。

在制定运营策略的过程中，需要不断地观察、分析和总结，根据用户的实际反馈情况调整和优化运营策略。同时也要保持敏锐的市场感知，密切关注行业趋势和竞争对手的动向，及时调整运营方向，以保持市场竞争力和市场关注度。

3. 评估运营结果

评估运营结果是确保新媒体运营工作持续改进和成功的重要环节。通过数据分析可以及时发现新媒体运营工作中遇到的各种问题，为制定下一步运营方案提供参考依据。

例如，某企业新媒体部门在策划新产品线上推广方案时，计划在微信、微博、抖音3

个平台推广新产品。推广方案实施一个月后，数据分析人员对3个平台的推广费用和销售数量进行了统计，如表1-1所示。从表1-1可以看到，微信和微博两个推广平台的推广费用虽然比抖音平台的推广费用低，但它们新产品的销售数量也远远低于抖音平台。因此，在后期新产品的推广运营上，企业应适当减少微信和微博两个推广平台的推广力度，并加大抖音平台的推广力度。

表1-1　新产品线上运营数据统计

推广平台	推广费用/元	销售数量/件
微信	1000	172
微博	600	91
抖音	1200	680

【提示】在评估运营结果时，除要关注收益情况和数据进展外，还要结合成本投入，考虑企业的投入产出比（ROI）。

评估运营结果的具体方法和步骤如下。

（1）设定关键指标（KPI）。在开始运营前，制定明确的关键指标，用于衡量运营结果的成功与否。这些指标应该与企业的目标和运营策略相对应，如点击率、转化率、用户留存率等。

（2）数据收集和整理。收集和整理与关键指标相关的数据，包括访问量、页面浏览量、用户行为数据、广告投放效果等。

（3）数据分析和比较。通过统计分析和对比，对收集到的数据进行深入分析。关注数据的趋势、变化和差异，找出问题和改进的空间。

（4）探索原因和因果关系。通过数据分析和对比，找出运营结果的原因和因果关系。比如，某个活动的转化率低，可以通过分析用户行为数据和活动设计等方面找出原因，并据此调整运营策略。

（5）用户调研和反馈收集。除了数据分析，还要主动进行用户调研和反馈收集，了解用户满意度、需求变化等因素。可以通过问卷调查、用户访谈等方式获取用户意见和反馈。

（6）总结和反馈。将数据分析和用户反馈整合，总结运营结果的优点和改进的方向。及时向相关人员和团队反馈，以便做出相应的调整和改进。

（7）持续改进。根据评估的结果，制定计划并执行相应的改进措施。同时持续关注和监测运营结果，及时调整和优化运营策略，确保运营效果持续提升。

评估运营效果是一个循环的过程，需要与运营策略和目标的调整相结合。通过持续的数据分析和用户反馈，不断改进和优化运营策略，提升运营效果。

4. 把握市场变化

通过大数据分析把握市场变化，企业可以更准确地预测市场走向，及时调整营销策略，提前把握商机，以保持竞争优势。

大数据可以帮助企业研究关键词关注趋势。通过分析搜索引擎中用户对于特定关键词的搜索频率和变化趋势，企业可以了解市场对于某个产品或服务的关注程度，从而判断市场需求的变化。例如，某款手机品牌在某段时间内搜索量呈上升趋势，表明市场对该品牌的关注度增加，企业可以及时推出相关产品或调整营销策略，满足用户需求。

通过百度指数查询"短视频"这一关键词的搜索趋势，以判断短视频行业当前的社会热度，从而做好企业短视频运营的相关规划，如图1-5所示。

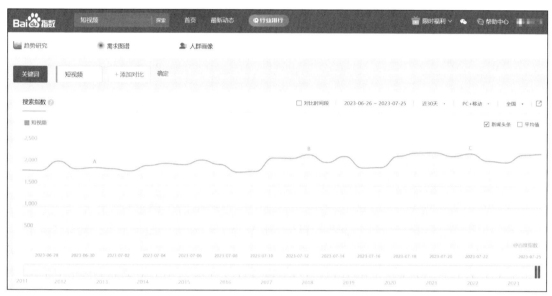

图1-5　百度指数的"搜索指数"板块

大数据也可以洞察用户需求变化。通过分析用户在社交媒体、电子商务平台等渠道的行为数据，企业可以了解用户对产品或服务的反馈和意见，从而洞察用户需求的变化。例如，用户在社交媒体上频繁提及某个功能或特性，说明用户对该功能有较高的需求，企业可以据此开发相应的产品或服务。

大数据还可以监测竞争对手的动态。通过分析竞争对手的行为数据，如市场活动、产品推出等，企业可以了解竞争对手的策略和动向。例如，竞争对手在某段时间内频繁推出新产品，企业可以据此判断竞争对手的发展重点，灵活调整自己的产品开发和市场推广计划。

综上所述，通过进行大数据分析，企业可以把握市场变化，研究关键词从而关注趋势、洞察用户需求变化，从行业视角分析市场特点，以及监测竞争对手动态，从而更好地应对市场挑战，保持竞争优势。

任务1.2　新媒体数据分析的步骤

数据分析是在明确分析目的的前提下，对数据进行收集、整理、加工和分析等一系列操作，并提炼有用信息的一个过程。新媒体数据分析一共包括5个步骤，如图1-6所示。

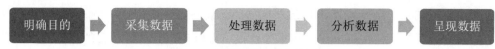

图1-6 新媒体数据分析的步骤

子任务 1.2.1 明确目的

进行数据分析必须要有明确的分析目的。数据分析人员首先要考虑的就是做数据分析的目的是什么？要达到什么样的效果？需要解决什么业务问题？只有在明确分析目的的前提下，数据分析人员才能找准分析的方向，也才能知道接下来要收集哪些数据。如果分析目的都不明确，数据分析就会失去方向和意义，最终也达不到想要的结果，成为无效的分析。

明确分析目的的思路很简单：数据分析人员需要先根据数据分析的需求，提炼出需要解决的具体问题，然后找到问题的关键点，再来确定新媒体数据分析的目的。

例如，某新媒体企业当前的数据分析需求是"提升企业抖音账号的粉丝数量"；根据这一需求可以提炼出需要解决的具体问题是"企业抖音账号的粉丝数量增长缓慢"；进一步分析后可以发现，出现这个问题的根本原因在于"抖音账号发布的内容不能很好地吸引用户持续关注"。因此，接下来数据分析人员就可以将"找到抖音账号内容创作和发布过程中的不足之处"设定为此次数据分析的目的。

具体来说，明确分析目的可以包括但不限于以下几方面。

（1）对用户行为的理解。通过分析用户在新媒体平台上的行为数据，如点击率、停留时间、转化率等，可以了解用户对内容的偏好和互动方式，从而优化内容和策略，提供更有针对性的内容，增加用户黏性和活跃度。

（2）追踪品牌表现。通过分析新媒体上关于品牌的讨论和评价数据，可以了解用户对品牌的态度和感受，以及品牌在竞争环境中的表现。这有助于品牌管理者调整品牌形象和营销策略，提升品牌认知度和好感度。

（3）分析竞争对手。通过分析竞争对手在新媒体上的活动和用户反馈，可以了解竞争对手的优势和弱点，挖掘竞争对手的营销策略和用户需求的变化。这可以为企业制定更有效的竞争策略提供参考。

（4）探索潜在商机。通过挖掘用户在新媒体中的需求和痛点，可以找到一些未被满足的市场需求，从而发现潜在商机。同时，对用户行为和用户关注的关键词进行趋势分析，有助于预测市场发展方向，及时调整产品或服务策略。

子任务 1.2.2 采集数据

在明确分析目的之后，数据分析人员需要根据分析目的有针对性地收集、整理相关数据，也就是采集数据、挖掘数据。

明确数据分析所需要的数据后，数据分析人员就可以正式开始采集数据。需要注意的是，在数据采集过程中，数据分析人员还需要确保数据的准确性和合法性。保护用户隐私是关键，需要遵循相关的法律法规和隐私政策，采取必要措施保护用户的个人信息。

总之，通过针对性的数据采集，数据分析人员可以获取到与分析目的相关的有效数据，为后续的数据分析提供支持。同时，数据采集过程中也需要注意确保数据的质量和合规性。

子任务 1.2.3　处理数据

数据处理是数据分析过程中非常重要的一个环节，它将直接影响数据分析的结果，也是整个数据分析过程中用时最多的一个环节。数据分析人员在采集数据环节获取到的数据通常属于原始数据，这样的数据一般不能直接用于数据分析。因此，数据分析人员还需要对采集到的数据进行清洗、处理、加工等一系列工作，使这些待分析的数据在数据质量和规范上能够符合数据分析的标准，为后面具体的数据分析做准备。

1. 数据处理的具体步骤

在数据处理环节中，数据分析人员需要运用各种方法和技巧，对数据进行深入挖掘和优化，为后续的数据分析打下坚实基础。数据处理的具体步骤如下。

（1）数据清洗。检查和处理数据中的错误、缺失值、异常值等，确保数据的完整性和准确性。例如，删除重复数据、填充缺失值、处理异常值等。数据清洗可以使用 Excel 的筛选、排序和填充等功能，或使用 Python 的数据处理库 Pandas 进行数据导入和清洗操作。

（2）数据预处理。对数据进行预处理，使其适合后续的数据分析任务。包括数据格式转换、数据分类、数据标准化等。例如，将日期格式转换为标准格式、对数据进行分组标记、将数据进行归一化处理等。Excel 可以通过公式和函数实现数据转换和处理，Python 的 Pandas 库和 NumPy 库也提供了丰富的函数和方法来进行数据预处理。

（3）数据集成与合并。不同来源、不同格式的数据进行整合和合并，使其融合到一个一致的数据集中。例如，将多个 Excel 表合并为一个，或将不同数据源的数据进行关联和合并。Excel 可以使用 VLOOKUP、INDEX、MATCH 等函数进行数据关联和合并，Python 的 Pandas 库也提供了 merge 和 concat 等函数来进行数据的连接与合并。

（4）数据转换与计算。对数据进行转换和计算，生成新的变量和指标。例如，对销售数据进行转换和计算后，可得到增长率等新的变量和指标。Excel 可以使用公式和函数来进行数据转换和计算，Python 也提供了各种数学和统计函数供数据计算使用。

【提示】本书只讲解 Excel 处理数据的方法。

2. 数据处理的工具选择

数据处理的方法和技巧非常重要，但选择适当的工具同样很关键。常用的数据处理软件有很多，如 Excel、Python、SPSS 和 MATLAB 等。在数据处理过程中，数据分析人员可以利用这些工具对原始数据进行清洗、加工和整理，使其符合数据分析的标准。

（1）数据清洗可以使用 Excel 的筛选、排序和填充等功能，或使用 Python 的数据处理库,如 Pandas 进行清洗操作。

(2) Excel 可以通过公式和函数实现数据转换和处理,Python 的 Pandas 和 NumPy 库也提供了丰富的函数和方法来进行数据预处理。

(3) Excel 可以使用 VLOOKUP、INDEX、MATCH 等函数进行数据集成和合并,Python 的 Pandas 库也提供了 merge 和 concat 等函数来进行数据的合并与连接。

(4) Excel 可以使用公式和函数来进行数据转换和计算,Python 也提供了各种数学和统计函数供数据计算使用。

> 【提示】在众多数据处理的软件中,Excel 的使用率最高。Excel 是一款普及性较强且非常容易入门的数据分析软件,能够满足大多数新媒体数据分析工作的需要。在本书后续的内容中,将会为大家系统地讲解如何使用 Excel 进行新媒体数据分析。

子任务 1.2.4　分析数据

经过加工与处理后的数据,具有了可分析性,这时数据分析人员就可以正式开始对数据进行分析了。分析数据是整个流程中最为关键的一个环节,无论是前面的数据采集还是数据处理均是在为具体分析数据提供服务。在分析数据过程中,数据分析人员往往需要利用一些分析工具来帮助自己建立数据模型,使其能够对数据进行深度分析。

因此,分析数据就是使用工具(如 Excel、SPSS 等)和科学的方法(如方差、回归等)与技巧,对经过加工和处理后的数据进行深度分析,挖掘出数据之间的因果关系、内部联系和业务规律,从而获得一些有价值的结论,为企业决策提供参考。

常见的新媒体数据分析主要包括 4 方面的内容,即流量分析、销售分析、内容分析和执行分析,如图 1-7 所示。

图 1-7　新媒体数据分析的内容

1. 流量分析

流量分析的主要目的是了解用户在新媒体平台中的行为习惯和兴趣偏好，从而优化企业或个人在该平台上的运营策略，提升用户体验和转化率。在流量分析中，常用的数据指标包括访问量、访问时间、跳出量和跳出率等。这些指标可以帮助评估企业或个人在该平台上的运营情况以及用户的行为和兴趣偏好等。

（1）访问量。访问量是指网站或网店的访问人次。通过对访问量的分析，可以了解网站或网店受到的关注程度和流量变化趋势。访问量的增加可能表示网站推广和营销活动的效果好，或者用户对网站内容和服务感兴趣。

（2）访问时间。访问时间是指用户在网站或网店中停留的时间长度。通过对访问时间的分析，可以了解用户对网站内容的关注程度和兴趣，以及用户的购买意愿和转化率。较长的访问时间可能表示用户对网站内容满意并进行了深入了解，而较短的访问时间可能表示用户对网站内容和服务不感兴趣或不满意。

（3）跳出量和跳出率。跳出量是指在访问网站或网店后没有进一步浏览站内或店内的其他页面而离开的用户数量。跳出率是指跳出量与总访问量的比例。通过对跳出量和跳出率的分析，可以了解用户对网站或网店内容和服务的满意度，以及用户对页面体验的好感度。较高的跳出量和跳出率可能表示用户对网站内容不感兴趣或用户体验不佳，需要进行进一步的优化和改善。

【提示】随着移动互联网的迅猛发展，现在的网站和网店流量大部分都来自于移动端。因此，在流量分析中，移动端流量数据成为主要的分析对象。移动端流量数据包括H5访问量、微网站流量和微网站跳出率等。通过对这些移动端流量数据的分析，可以了解移动用户对网站或网店的访问情况和行为习惯，从而优化网站或网店的运营策略，提升用户体验和转化率。

2. 销售分析

销售分析是指通过对下单数量、支付比例、二次购买数量等销售数据进行分析，以了解当前互联网销售的情况和问题，并提出相应的优化策略。

（1）下单数量。下单数量是指在一定时间内用户下单购买的数量。通过对下单数量的分析，可以了解产品或服务的受欢迎程度和销售趋势，为进一步的运营决策提供依据。如果下单数量增加，可能意味着产品或服务的推广活动效果好，也可能用户对产品或服务的需求上升。

（2）支付比例。支付比例是指实际支付订单数与下单数量的比例。通过对支付比例的分析，可以了解用户对订单的真实购买意愿以及支付环节的转化率。如果支付比例较低，可能意味着存在用户购买意愿不强烈、支付流程复杂等问题，需要优化产品、服务或支付流程，提升用户的支付转化率。

（3）二次购买数量。二次购买数量是指用户在首次购买后再次购买的数量。通过对二次购买数量的分析，可以了解用户的忠诚度和复购率，衡量产品或服务的用户黏性和质量。如果二次购买数量较低，可能意味着产品或服务的用户黏性不够，需要开展提升用户留存率和忠诚度的措施。

除此之外，销售数据还包括销售额、订单平均价值、产品类别的销售分布等数据指标。通过对这些数据的综合分析，可以了解产品或服务的销售情况和特点，找出销售问题和机会，并制定相应的销售策略和措施，以提升销售业绩和用户满意度。

3. 内容分析

内容分析是指对新媒体发布的内容进行统计分析。借助内容分析，可以评估新媒体文章或视频的标题、内容以及推广策略等方面的效果。通过对数据的分析和反馈，可以及时调整和优化内容的创作和传播策略，提升文章或视频的品质和影响力，增加用户的关注和参与度。常见的新媒体内容分析数据包括浏览量、转发量、推荐量等。

（1）浏览量。浏览量是指文章或视频被浏览的次数。通过对浏览量的分析，可以了解文章或视频的受关注程度和传播效果。高浏览量可能意味着文章或视频的标题和内容吸引人，或者文章、视频在社交媒体等渠道上得到了广泛的分享和推广。

（2）转发量。转发量是指文章或视频被转发分享的次数。通过对转发量的分析，可以了解文章或视频的传播范围和效果。高转发量可能表示文章或视频的内容有吸引力，被认为有价值或有趣，从而被更多人转发和分享。

（3）推荐量。推荐量是指文章或视频被推荐给他人浏览的次数。通过对推荐量的分析，可以了解文章的被推荐程度和用户满意度。高推荐量可能表示文章或视频质量好、内容有价值，被用户认可，愿意将其推荐给他人。

此外，还可以针对文章或视频的点击率、停留时间、评论互动等数据指标进行更详细的内容分析。通过对这些数据的分析，可以了解文章的互动程度、用户参与程度和反馈情况，从而优化文章或视频的内容和发布策略，提升用户体验和内容传播效果。

4. 执行分析

执行分析是指对新媒体团队日常执行工作的情况进行分析和评估，以判断新媒体团队的工作效率和执行力。执行分析常见的数据指标包括文章撰写速度、客服响应效率、软文发布频率等。

（1）文章撰写速度。文章撰写速度是指新媒体团队撰写和发布文章的速度。通过对文章撰写速度的分析，可以了解新媒体团队的工作效率和响应速度。提高文章撰写速度可以更好地满足读者需求，及时传递信息，增加新媒体的影响力。

（2）客服响应效率。客服响应效率是指新媒体团队对用户咨询和意见的响应速度和处理效率。通过对客服响应效率的分析，可以了解新媒体团队在解决用户问题上的能力和效率。高效的客服响应可以提升用户满意度，增加用户黏性，并提升品牌形象。

（3）软文发布频率。软文发布频率是指新媒体团队发布软文的频率。通过对软文发布频率的分析，可以了解新媒体团队对产品或服务推广的活跃程度和持续推进的能力。适当的软文发布频率可以增加品牌曝光,提高产品销量。

除了上述数据指标以外,还可以根据具体的工作内容和目标,进行更具体的执行分析。比如,对广告投放的效果进行评估,对社交媒体推广的内容分布进行分析,对用户活跃度和参与度进行统计等。

通过执行分析,可以评估新媒体团队的工作效率和执行力,发现问题和瓶颈,并及时进行调整和优化。同时,也可以制定相应的目标和指标,对新媒体团队的执行情况进行监测和追踪,以持续改进和提升工作效率。

子任务 1.2.5　呈现数据

数据分析结果通常以图表的方式呈现,以便更直观地传达信息,帮助读者更好地理解和解读数据。以下是几种常用的图表类型。

(1)柱状图:用于展示不同数据类别之间的比较,比如不同产品的销售量对比。

(2)折线图:用于展示数据随时间的变化趋势,比如销售额随着时间的增长变化。

(3)饼图:用于展示数据的部分与整体的比例关系,比如不同地区的销售占比。

(4)散点图:用于展示两个变量之间的关系,比如广告费用和销售额之间的相关性。

(5)漏斗图:用于展示逐步筛选过程中的数据流动情况,比如整个销售漏斗中不同环节的转化率。

(6)热力图:用于展示数据在二维空间上的分布和密度,比如不同地区的人口密度分布。

除了上述常见的图表类型以外,还可以根据数据的具体特点和分析需求,选择其他合适的图表类型。图表应该具备清晰、简明和突出重点的特点,避免信息过载和混乱。图表的标签、标题和注释可以帮助读者更好地理解和解读数据。

此外,数据分析结果还可以结合文字说明或其他形式汇报,以更详细、深入的方式呈现,解释数据背后的含义、趋势和洞察点。图表和文字结合使用,可以提供一个全面、准确、易理解的数据分析报告,帮助决策者做出决策和行动计划。

任务 1.3　新媒体数据分析人员的基本要求

新媒体数据分析是一个非常辛苦的工作。它不仅要求数据分析人员具备一定的责任心、分析能力、专业技能知识,还要具备一定的工作经验和沟通能力。下面为大家讲解新媒体数据分析人员的基本要求,以便大家能够更好地认识和理解新媒体数据分析岗位。

子任务 1.3.1　责任心

数据分析人员必须要具备严谨、负责的工作态度,客观、真实地分析新媒体运营过程中存在的问题,为决策者提供有效的参考依据。数据分析人员的责任心具体体现在以下几方面。

（1）使命感：数据分析人员需要认识到自己的工作对公司或组织的成功至关重要。他们应该对自己的工作感到自豪，并意识到自己的工作对整个团队和公司的价值。因此，他们会尽一切努力确保自己的工作得到最好的结果。

（2）专注力：数据分析人员必须专注于他们正在处理的任务，并将注意力集中在手头的工作上。他们应该理解，即使是小错误也可能导致大问题，因此他们必须认真对待每一项任务，以避免出现错误或问题。

（3）细致入微：数据分析人员需要细致入微地处理数据。他们应该仔细检查所有数据，以确保它的准确性、完整性和合规性。他们还需要了解数据的来源和背景，以便更好地理解数据。

（4）团队合作：数据分析人员需要与团队成员密切合作，共同完成任务。他们需要与同事建立良好的沟通和合作关系，以便共同解决问题，并确保所有人都对工作的进展有清晰的了解。

（5）及时性：数据分析人员需要按时完成任务。他们应该意识到，数据是在不断变化的，因此尽快分析数据是非常重要的。如果他们不能及时地分析数据，就可能错过一些重要的信息和机会。

（6）可信赖：数据分析人员需要值得信赖。他们应该始终遵循道德和职业标准，并以诚实和公正的态度对待团队成员。他们应该能够保护公司的数据和信息，并始终保持诚信。

子任务 1.3.2 分析能力

新媒体数据分析人员需要具备的对数据敏锐的分析能力，可以从以下几方面进行拓展。

（1）数据解读能力：数据分析人员首先需要能够理解和解读数据。这包括理解数据的来源、数据的类型、数据的质量、数据的准确性等。在新媒体领域，数据可能来自各种不同的平台和来源，而且通常量非常大，因此数据分析人员需要能够快速准确地理解这些数据，才能从中提取有效信息。

（2）数据清洗和整理能力：由于新媒体数据通常包含大量的噪声和异常数据，因此数据分析人员需要具备清洗和整理数据的能力。这包括识别和处理缺失数据、错误数据、重复数据等，以确保数据分析的准确性。

（3）规律发现能力：数据分析人员需要具备从海量的数据中找出规律的能力。这包括识别数据的模式、趋势、关联性等。例如，他们需要能够通过分析用户的行为数据，发现用户的兴趣、喜好以及行为习惯，从而帮助企业制定有针对性的营销策略。

（4）问题解决能力：数据分析人员需要能够从数据中发现和解决问题。这需要他们具备批判性思维和独立思考的能力，以便从数据中找出问题的线索，并提出解决方案。

（5）预测能力：数据分析人员还需要具备预测能力，能够根据现有的数据预测未来的趋势和发展。这需要他们能够理解和使用各种预测模型和方法，例如时间序列分析、回归分析等。

（6）决策支持能力：新媒体数据分析人员最终需要将分析结果转化为对企业的决策支持。他们需要能够将复杂的数据分析结果转化为易于理解的报告和建议，帮助企业做出明智的决策。这需要他们具备良好的沟通技巧和报告制作能力。

子任务 1.3.3　专业技能知识

新媒体数据分析人员需要具备专业的技能知识，具体内容如下。

（1）数学：这包括但不限于概率、统计、线性代数、微积分等数学知识。这些数学知识是数据分析的基础，帮助数据分析师理解和解释数据，以及建立有效的数据模型。例如，概率可以帮助我们理解随机现象，统计可以帮助我们解读数据中的模式，线性代数可以用来处理多维数据，微积分则可以用来理解和描述连续数据。

（2）统计学：这包括回归分析、时间序列分析、假设检验、方差分析等。这些统计方法可以使我们对数据进行深入理解，比如数据的分布、数据的变化趋势、数据之间的相关性等。例如，回归分析可以用来理解两个或多个变量之间的关系，时间序列分析可以用来理解和预测数据的时间变化，假设检验可以帮助我们判断数据是否符合我们的预期，方差分析则可以用来比较不同组数据的差异。

（3）计算机科学：这包括数据结构、算法、编程语言（如 Python、R、SQL 等）、数据库管理、数据处理和清洗技术等。这些计算机知识可以帮助数据分析师有效地处理和分析大量数据。例如，数据结构和算法可以帮助我们有效地存储和处理数据，编程语言可以帮助我们完成自动化数据处理过程，数据库管理可以让我们有效地存储和管理大量数据，数据处理和清洗技术可以帮助我们清理错误和异常数据。

（4）新媒体和互联网相关知识：这包括新媒体平台的运营模式、用户行为分析、内容营销策略等。这些知识可以帮助数据分析师更好地理解新媒体平台的数据，以及如何将这些数据应用到业务决策中。例如，数据分析师需要了解各种新媒体平台的运营特点，用户的在线行为模式，以及如何利用数据优化内容和营销策略等。

（5）数据可视化：将数据分析结果通过图形或图表的形式展示出来，使结果更直观易懂。这需要掌握如 Excel、Tableau、Power BI 等数据可视化工具。

子任务 1.3.4　经验与沟通能力

数据分析人员需要具备一定的相关工作经验，以更好地理解数据和业务。同时，他们还需要具备良好的沟通能力、跨部门合作能力，以便为业务部门提供有针对性的数据支持和服务。

（1）工作经验：数据分析人员需要具备一定的工作经验，这可以帮助他们了解新媒体平台的运营模式和数据结构，更好地理解数据并从中提取有价值的信息。这种经验可能来自于各种不同的领域，如市场营销、媒体策划、用户研究等。他们还需要熟悉新媒体平台的运营模式，了解如何通过数据驱动的决策来优化运营。此外，数据分析人员还需要了解数据是如何收集和存储的，以及如何处理和分析这些数据。

（2）沟通能力：数据分析人员需要与业务部门和所在团队进行有效的沟通。他们需要能够将复杂的数据分析结果转化为易于理解的建议和策略，以帮助非数据分析背景的决策者做出明智的决策。同时，他们也需要能够清晰地向业务部门解释数据的含义和价值，以便这些数据能够被有效利用并推动业务发展。此外，数据分析人员还需要能够与其他数据分析师、数据科学家等进行有效的合作，共同解决复杂的数据问题。

课堂实训　列举新媒体数据分析的应用案例

很多新媒体运营者会通过发布带有热点话题的内容，来吸引用户关注，从而打开产品的营销渠道。想更好地找到热点话题，可以参考各数据分析平台的相关排行榜，具体可以从以下三方面入手进行分析。

1. 利用百度指数分析热点趋势

百度指数是互联网时代非常重要的数据分析平台之一，该平台是基于百度用户行为数据建立起来的，通过该平台新媒体数据分析人员能够了解某个话题的热门程度。如果运营者想要了解某个话题的热度趋势，在百度指数搜索栏里输入热点关键词，查看该关键词的搜索指数趋势图即可，如图1-5所示。

如果数据分析人员需要同时分析多个热点关键词时，还可以点击"添加对比"按钮添加对比词，同时查看多个关键词的搜索指数趋势图，对比它们的热度情况，如图1-8所示。

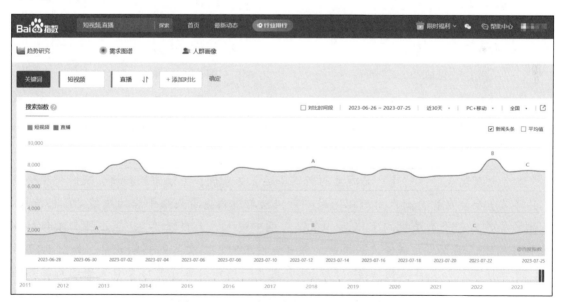

图1-8　对比分析两个关键词的搜索指数

2. 利用微博热搜分析热点话题

"微博热搜"向用户展示了微博平台关注度比较高的热点事件，是互联网行业中最受用户欢迎的热搜榜单之一。查看"微博热搜"的方法很简单，在微博手机端登录账号后，点击页面下方的"发现"按钮，进入微博"发现"页面，接着点击"更多热搜"按钮，如图1-9所示；进入"微博热搜"页面即可查看当前微博的热搜话题排行情况，如图1-10所示。

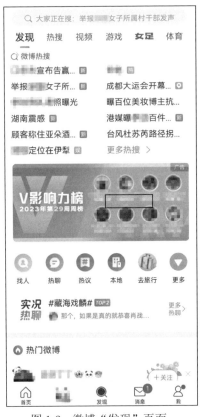

图1-9　微博"发现"页面

图1-10　"微博热搜"页面

新媒体运营人员可以根据自己所在平台运营的方向，找到自己关注的领域的话题，然后将这个话题嵌入自己推送的内容中，以此提高用户对内容的关注度和查看欲望。

3. 利用天猫榜单分析热销产品

对于电商类或者以销售产品为主的新媒体运营者来说，关注市场行情，及时挖掘热销产品非常重要。数据分析人员可以通过"天猫榜单"来查看天猫平台的热销产品排行榜。具体的操作为：登录手机淘宝以后，在搜索框中输入"天猫榜单"，点击搜索按钮，如图1-11所示；进入"天猫榜单"页面，即可查看不同产品类目的热销榜单，如图1-12所示；点击任意产品类目热销榜旁边的"查看更多"按钮，可查看该类目完整的产品热销榜，如图1-13所示。除了热销榜以外，在"天猫榜单"中还可以查看产品的好评榜、回购榜以及活动期间的热卖榜和加购榜。

  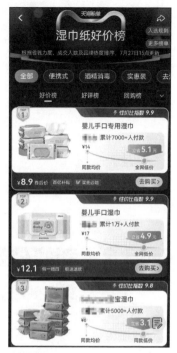

图 1-11　搜索"天猫榜单"　　图 1-12　进入"天猫榜单"页面　　图 1-13　查看完整产品热销榜

课后作业

1. 请简述新媒体数据分析的价值。
2. 请简述新媒体数据分析的步骤。

项目 2 新媒体数据分析的思维、方法与工具

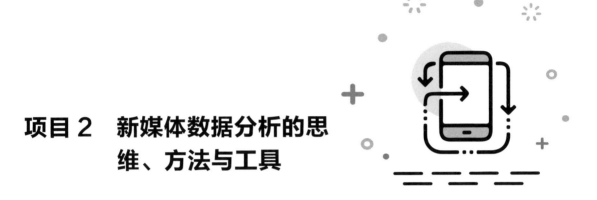

如今是大数据时代,任何商业运作都离不开数据的支撑。在新媒体行业,数据分析以及数据化运营起着至关重要的作用,能够有效地帮助新媒体运营人员制定运营方案,为每一项运营决策提供有力的数据支撑。

本项目将详细讲解新媒体数据分析的思维、方法以及常用工具,以帮助新媒体运营人员更好地掌握新媒体数据分析的基础技能。

任务 2.1 新媒体数据分析的思维

数据分析人员要想将数据转换为有价值的信息，就需要具备一定的数据分析思维。在进行新媒体数据分析的过程中，数据分析人员应该掌握 5 大思维：对比思维、拆分思维、增维思维、降维思维和假设思维，如图 2-1 所示。

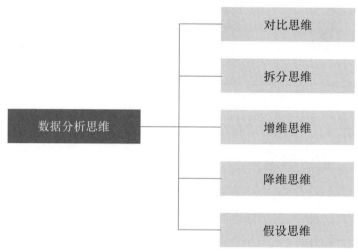

图 2-1　数据分析思维

子任务 2.1.1　对比思维

对比思维是非常基本且广泛适用的数据分析思维。比如，在分析短视频、直播效果或者分析销售数据时，都需要通过对比分析来获取有用信息。

（1）短视频或直播效果分析：通过对比不同短视频或直播内容的观看量、转发量、评论量等指标，可以找出哪些内容更受欢迎，从而确定更好的制作策略。

（2）销售数据分析：通过对比不同产品的销售额、利润率、市场份额等指标，可以了解哪些产品表现最好，哪些市场最有潜力，从而指导销售策略和市场定位。

对比分析可以帮助数据分析人员发现数据中的模式和趋势，进而提取有价值的信息，并做出相应的决策和改进。因此，在数据分析过程中，对比思维是非常重要的。

例如，某直播间有 4 款商品，利用柱状图对这 4 款商品的销量进行对比展示，如图 2-2 所示。这样就可以一目了然地知道该直播间里哪个商品的销量较高，哪个商品的销量较低，从而确定直播间的选品倾向。

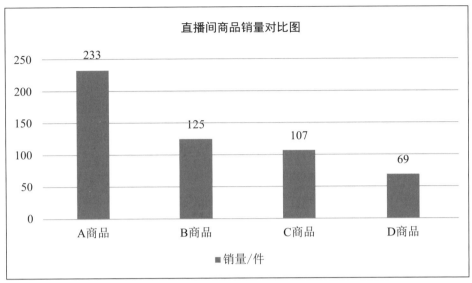

图 2-2　某直播间商品销量对比图

子任务 2.1.2　拆分思维

拆分思维是将一个复杂的数据指标或者分析因素拆解为多个子因素进行逐个分析。这种思维可以帮助数据分析人员更好地理解和分析数据，从而获取更深入和详细的信息。

在进行拆分思维时，可以将一个主要的分析因素拆解为若干子因素，然后对每个子因素进行独立的分析和探索。例如，在分析销售数据时，可以使用拆分思维将销售额分解为不同市场、产品类别、渠道等子因素进行研究。通过对每个子因素的分析，可以了解每个子因素对整体销售额的影响程度，找出主要的影响因素，为具体的决策提供依据。

拆分思维可以帮助数据分析人员更深入地了解数据，并发现其中的规律和关联。它帮助我们从宏观到微观、从整体到局部地理解数据，从而更精准地进行数据分析和决策。因此，拆分思维在数据分析中是非常重要的一种思维方式。

例如，销售额=成交用户数 × 客单价；成交用户数 = 访客数 × 转化率。运用拆分思维对销售额这一数据指标进行分解，其拆分的示意图如图 2-3 所示。

图 2-3　运用拆分思维分析销售额

运用拆分思维，可以使数据之间的逻辑关系变得更清晰，也有利于数据分析人员更好地理解和分析数据。

子任务 2.1.3 增维思维

增维思维是通过增加多个维度的数据指标来丰富数据分析的角度和内容。在增维思维中，我们可以添加一些辅助列，这些辅助列可以是从原始数据中派生出来的或者是外部数据源添加的，以增加分析的维度和深度。

增维思维可以帮助数据分析人员更全面地理解和分析数据。通过增加多个维度，我们可以从不同的角度来观察和解释数据，发现数据中的更多关联和趋势。例如，在分析用户行为数据时，我们可以增加维度，比如时间维度、地理维度、用户属性维度等，从而更全面地了解用户的行为习惯和特征。

增维思维可以帮助我们深入分析和挖掘数据，从而获得更准确和全面的信息。它能够帮助我们拓宽分析的视角，提供更多的维度来理解数据，为制定决策提供更多的参考依据。因此，在数据分析中，增维思维是非常重要和有价值的。

例如，某电商商家要对市场上销售的水杯类商品进行数据分析，以了解水杯市场的竞争情况。通过收集的原始数据如表 2-1 所示的前 3 列，第 4 列是运用增维思维来分析各种水杯商品的市场竞争激烈程度而增加的一列。

表 2-1 运用增维思维进行数据分析

商品类目	搜索指数	全站商品数	搜索占比
玻璃杯	3010	6 301 015	0.047%
保温杯	2851	5 045 253	0.057%
马克杯	1960	1 028 361	0.191%
塑料杯	1102	563 268	0.196%

通过表 2-1 可以发现搜索指数和全站商品数是两个独立的数据指标，前者表示市场需求，而后者表示行业竞争，单看前两列数据，看不出哪款商品的竞争更为激烈，如果运用增维思维，用搜索指数除以全站商品数可以获得一个新的指数，即搜索占比，这个指数可以表现出市场竞争的激烈程度，从而准确判断每个商品当前市场的竞争情况。

子任务 2.1.4 降维思维

降维思维指的是将复杂的数据简化为较少的关键指标或维度，以便更好地进行数据分析和理解。在面对多个维度的数据时，进行全面的维度分析可能会过于复杂和烦琐。而降维思维的关键在于选择具有代表性和重要性的数据指标，只对这些重要的数据指标进行分析。通过筛选和提取核心的数据指标，可以帮助数据分析人员更快速地理解和掌握数据的核心信息。

降维思维可以通过多种方法实现，比如主成分分析、因子分析等。这些方法可以帮助我们将高维的数据空间降低到更低维度的特征空间，以减少数据的复杂性，并提取出最具代表性的特征。选择合适的降维思维，可以帮助数据分析人员更有效地理解数据，减少冗余信息，并聚焦于核心的数据指标。这样可以简化数据分析过程，提高分析的效率，并抓住关键的洞察，为决策提供更有力的支持。

例如，某商家要对店铺商品 7 天的销售额进行数据分析，以了解店铺 7 天的运营情况。通过收集的原始数据如表 2-2 所示。

表 2-2 运用降维思维进行数据分析

日期	浏览量/次数	访客数/人数	访问深度/人均次数	销售额/元	销售量/件	订单数/笔	成交用户数/个	客单价/元	转化率
2023/1/1	2584	957	3.5	9045	96	80	67	135	7%
2023/1/2	3625	1450	4.1	9570	125	104	87	110	6%
2023/1/3	2572	1286	2.8	12 780	130	108	90	142	7%
2023/1/4	4125	1650	1.9	15 345	143	119	99	155	6%
2023/1/5	3699	1233	3.6	8362	107	89	74	113	6%
2023/1/6	4115	1286	2.2	14 040	130	108	90	156	7%
2023/1/7	6582	1763	2.9	22 755	185	142	123	185	7%

从表 2-2 可以看出，如果对表中的所有列数据进行分析，不仅工作烦琐，而且分析的一些数据对了解店铺的经营情况意义不是很大，因此，可以运用降维思维来分析。我们知道，与商品销售有密切关系的核心数据指标有访客数、成交用户数、客单价以及转化率，而表 2-2 中的其他数据就不是那么重要了。所以，运用降维思维将关联度不大的数据排除，只分析访客数、成交用户数、客单价以及转化率等核心数据。

子任务 2.1.5　假设思维

假设思维是指运用逆向思维从结果推导出原因的思维方式。在数据分析过程中，常常会遇到一些把握度不高或者难以解释的数据情况，此时可以采用假设思维来处理。

假设思维的核心是先假设一个结果，然后通过逆向思维进行推导，将问题逐步分解和剖析，推导出导致该结果的原因，从而揭示出最终的解决方案。这种思维方式可以帮助数据分析人员在面对复杂数据和问题时，有一个清晰的思路和方向，更有针对性地进行数据分析和推理。

在实际应用中，假设思维可被用于提出数据分析的假设，然后通过数据的验证和推导，逐步调整和优化假设，最终得出更合理的结论。这种思维方式能够帮助我们从多个可能性中找到最佳的解决方案，并提供准确的数据分析结果和推理。

任务 2.2　新媒体数据分析的常用方法

在进行新媒体数据分析的过程中，数据分析人员不仅要用多种思维来开展数据分析，还要掌握一些科学的数据分析方法，这样才能更加全面、精准地分析数据。下面为大家介绍几个常用的数据分析方法。

子任务 2.2.1 对比分析法

1. 对比分析法的步骤

通过对比分析法，可以快速识别数据间的差异，从而更好地理解数据的内部规律和趋势。对比分析法常用于财务分析和绩效评估等领域。具体来说，对比分析法可以通过以下几个步骤进行。

（1）选择对比的数据指标：根据需要，选择与研究对象相关的指标进行对比分析。例如，对比一家公司的不同财务指标、对比不同产品的销售数据等。

（2）计算数据的绝对值：将选定的数据指标进行量化，计算出各个数据点的绝对值。例如，比较两个季度的销售额、比较不同品牌的市场份额等。

（3）计算差异值：将各个数据点的绝对值进行相减，计算出数据之间的差异值。例如，计算两个季度的销售额变化、计算不同品牌的市场份额差距等。

（4）制作对比图表：将差异值以图表的形式展示出来，使数据的差异更加直观，并易于理解。常用的对比图表包括折线图、柱状图、饼图等。

通过对比分析法，可以清晰地展示出数据之间的差异，并从中找出问题所在，进而采取相应的措施进行改进和优化。同时，对比分析法也能够帮助决策者更加全面地了解不同数据指标之间的关系，并做出相应的决策。

例如，某内容创作者将自己拍摄的一条短视频作品分别上传到抖音和快手两个平台上，一段时间后对两个平台的视频播放量进行对比分析，如图 2-4 所示。通过数据对比分析可以直观地看到，该短视频作品在抖音平台的播放量要远远高于快手平台。

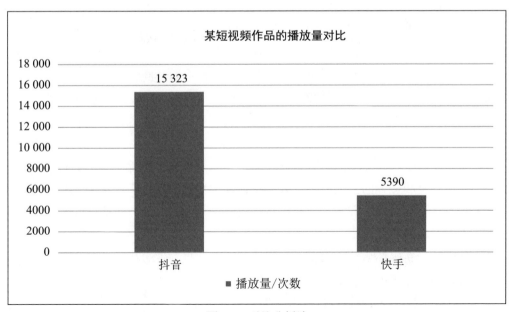

图 2-4　对比分析法

2. 对比分析法的应用

在新媒体数据分析中，可以针对不同时期的数据、竞争对手或行业的数据、优化前后的数据以及活动前后的数据进行对比分析。

（1）不同时期的数据之间的对比。

对比不同时期的数据是一种常见的对比分析法，可以帮助企业了解当前的运营状况与历史数据的差异。其中，环比增长率和同比增长率是常用的对比指标。

① 环比增长率：环比增长率是指将当前期与前一期的数据进行对比，并计算出两者之间的增长率。环比增长率可以帮助企业了解最近一个时期的运营情况，以及识别出可能存在的趋势和变化。例如，计算两个连续季度的销售额环比增长率可以了解销售额的增长情况。

② 同比增长率：同比增长率是指将当前期与去年同期的数据进行对比，并计算出两者之间的增长率。同比增长率可以帮助企业了解与去年同期相比的业绩变化情况，从而判断企业的增长速度和发展趋势。例如，通过计算今年第一季度的销售额同比增长率，可以了解到与去年同期相比销售额的变化情况。

通过分析环比增长率和同比增长率，企业可以更好地了解自身的运营状况，并根据对比结果进行相应的调整和决策。这种对比分析方法对于评估企业的成长和变化趋势非常有价值。

（2）与竞争对手或者行业的数据对比。

通过与竞争对手或行业大盘的数据进行对比分析，可以帮助企业了解自身在行业中的定位和竞争力，并找出改进和提升的方向。

① 定位与差距：比较自身的数据与竞争对手或行业大盘的数据，可以发现企业在不同指标上与其他企业的差距。例如，比较不同公司的市场份额、销售额、利润等指标，可以评估自身在市场中的定位和竞争力。

② 异常指标分析：通过对比分析，找到在与竞争对手或行业大盘的对比中表现异常的指标。例如，发现企业的直播间转化率明显低于竞争对手，就可以进一步研究分析转化率低的原因，是否还存在其他的问题。这有助于找出改进的空间和方式。

③ 借鉴优秀经验：通过与竞争对手或行业大盘的数据对比，可以发现其他企业在某些指标上表现良好的经验和做法。借鉴优秀的经验，可以帮助企业找到提升自身的方法和策略。

通过与竞争对手或行业大盘的数据对比分析，企业可以更好地了解自身在行业中的竞争地位，找出改进和提升的方向，并获取借鉴他人成功经验的机会，进而优化自身的运营和发展策略。这种对比分析方法对于企业寻找突破口、提升竞争力非常有价值。

（3）优化前后的数据对比。

对比分析法在新媒体运营的应用中，优化前后的数据对比分析是非常重要的。通过将优化前后的数据进行对比，可以评估企业在优化调整后是否实现了预期的目标。

① 确定优化目标：在进行优化调整之前，首先需要明确所要达到的优化目标。例如，优化短视频内容可能是为了提高观看量和互动率，调整直播时间可能是为了增加观众的参

与度，调整商品布局可能是为了提升销售额等。明确优化目标有助于后续的对比分析。

② 收集优化前后的数据：在进行优化调整之前和之后，要分别收集相关的数据指标。这些指标可以包括观看量、互动率、访问时长、销售额等。确保数据收集的准确性和一致性，以便进行有效的对比分析。

③ 对比分析优化效果：将优化前后的数据进行对比分析，评估优化调整后的效果。可以比较相关指标的变化程度、平均增长率、百分比等。通过对比分析，可以评估优化调整是否达到了预期目标，以及是否有进一步的改进空间。同时，对比分析还可以帮助确定哪些优化措施是有效的，哪些是无效的，从而指导后续的优化决策。

通过对比分析优化前后的数据，企业可以了解优化调整的效果，发现问题和改进的方向，并及时调整运营方向和策略，以达到更好的经营目标。对比分析方法在新媒体运营中起到了关键的作用，帮助企业实现数据驱动的优化决策。

（4）活动前后的数据对比。

在企业规模扩大和市场竞争加剧的情况下，定期开展营销活动是企业常态的一部分。通过营销活动，企业可以实现多种目的，如获取新用户、提升品牌知名度、增加销售额等。在活动结束后，进行活动前后的对比分析是必要的，可以评估活动是否达到预期效果，并帮助企业做出进一步的决策和改进。

具体来说，可以采用以下几个步骤进行活动前后的对比分析。

① 选择关键指标：确定活动前后需要对比的关键指标。这些指标应与活动目标直接相关，例如参与人数、转化率、销售额等。

② 收集活动前后数据：在活动前和活动后，分别收集与选择的指标相关的数据。确保数据的准确性和一致性，以便进行有效的对比分析。

③ 对比分析效果：将活动前后的数据进行对比分析，可以比较关键指标的变化幅度、百分比变化等，来评估活动的效果是否达到预期目标。同时，还可以探索活动对不同群体和不同渠道的影响，以更好地评估活动效果。

④ 归纳总结和优化改进：根据对比分析的结果，总结活动的优点和不足，并考虑如何优化和改进活动策略。如果活动达到预期效果，可以继续推进和优化；如果活动效果不佳，需要反思并提出改进的措施。

通过活动前后的对比分析，企业可以更好地了解活动的效果和影响，及时调整营销策略以实现活动目标并提升企业的市场竞争力。同时，对比分析也可以为未来的活动提供经验和参考，帮助企业更有效地进行营销和品牌推广。

子任务 2.2.2 分组分析法

分组分析法是指将数据对象划分为不同的组别进行分别分析和统计的一种数据分析方法。这种分析方法能够揭示分析对象内在的联系和规律，帮助数据分析人员有效了解指标数据的内在关系。

数据分析人员在分组时要注意遵循"相互独立、完全穷尽"原则，即各个小组之间相

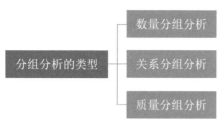

图 2-5 分组分析的类型

互独立,每个数据只能属于某一组,而且分组后各部分数据完全穷尽总体数据,分组后不能遗漏任何数据。例如,按照用户所在城市的不同,城市可以分为一线城市、二线城市、三线城市、四线及以下城市。

分组分析的类型有3种,分别是数量分组分析、关系分组分析和质量分组分析,如图2-5所示。

(1) 数量分组分析。数量分组分析是研究总体与各结构间相互关系的一种分析方法。比如,计算分类指标占总体指标的比重。一般来说,某分类指标占比越大,该指标在总体中就显得越重要,甚至能够影响总体指标的性质。

(2) 关系分组分析。关系分组分析是对关系紧密的变量与自变量进行分析,由此得出变量之间关系的一种分析方法。比如,对某电商企业的产品单价、销售额、利润进行分组分析,可以得出它们之间的关系。产品单价作为自变量,它的变化会引起销售额、利润这两个变量的变化。

(3) 质量分组分析。质量分组分析是将指标内复杂的数据按照质量进行分组,找出其内部规律的一种分析方式,常用于分析行业经济现象的类型特征和相互关系等。

子任务 2.2.3　聚类分析法

聚类分析法是指将抽象的数据按照某种属性或行为来进行分类分析的一种分析方法,如按性别、年龄段、所在城市等分类,该数据分析法能够发现数据更深层次的关联与含义。

聚类分析法主要是对用户数据进行分析,通过大数据对用户进行追踪和深入挖掘,精准地发现用户之间相同或者是相近的属性,从而制定相对应的运营策略。

用户聚类主要是以行为和属性来划分的,拥有共同行为属性的用户会被视为同一用户群体。

例如,某短视频平台根据用户所在城市分布情况对其进行属性分类,如图2-6所示。从图2-6中可以很明显地看出该账号的用户主要来自于一、二线城市,因此,这部分用户将会是平台重点研究和维系的对象。

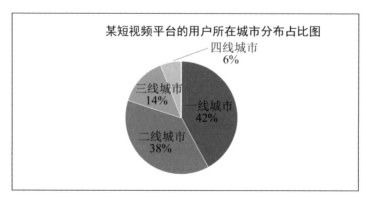

图 2-6　某短视频平台的用户所在城市分布占比图

用户聚类分析的主要目的就是精准地定位用户群体,在后期运维和推广阶段,能够以点带面地开展营销活动,引发用户的归属感,形成群体营销的局面,最大限度地降低推广成本。

子任务 2.2.4 漏斗分析法

漏斗分析法是一套科学的流程式分析模型,可以很直观地看到每个环节的情况,比如转化情况、流失情况。漏斗分析的本质是通过流程中数据的变化来控制结果,通过评估各个环节的数据情况,进而达到优化决策的目的。

漏斗分析法有以下 3 个重要的作用。

(1)快速发现问题,及时调整问题。

(2)把问题具体化和细分化。

(3)提高流量的价值和转化率。

漏斗分析法通常在分析商品的成交转化率时使用较多,商品的成交转化流程一般如图 2-7 所示。

图 2-7 商品的成交转化流程

但使用流程图只能掌握商品的成交转化过程,无法精准地判断商品具体的成交转化数据。所以这时就需要对流程图进行优化,使用层次更分明的漏斗模型图来分析商品的成交转化情况,如图 2-8 所示。

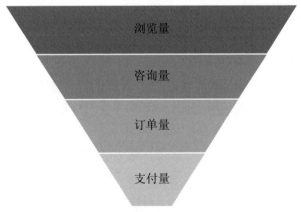

图 2-8 使用漏斗模型分析商品的成交转化情况

子任务 2.2.5 雷达分析法

雷达分析法是指利用雷达图进行统计分析的一种方法,常用于指数分析中。在新媒体数据分析中,通过雷达分析法可以针对新媒体账号的内容质量、专注领域等不同维度进行客观的评分。分数越高,说明账号的质量越好。

例如，利用雷达分析法对某今日头条账号的相关指数进行分析，如图 2-9 所示。从图 2-9 中可以看到该头条号的原创度指数较高，但传播度指数却相对较低，说明该头条号的传播能力较差，运营者应想办法提升账号和内容的传播能力。

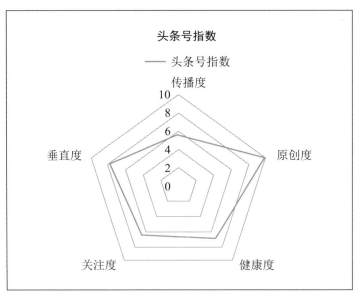

图 2-9　利用雷达分析法分析今日头条账号的相关指数

子任务 2.2.6　回归分析法

观看视频

回归分析法是通过研究事物发展变化的因果关系来预测事物发展走势的一种定量预测方法。利用回归分析法预测数据的发展走势，需要先建立一个回归模型，并根据实际获得的数据来求解模型中的各个参数，争取让回归数据可以拟合实际数据。如果回归数据和实际数据能够较好地拟合，该回归模型就能代表未来数据的发展走势。

在 Excel 中可以利用趋势线功能进行拟合，下面以预测某新媒体账号的涨粉趋势为例，对该账号的累计粉丝数进行线性回归分析，具体的操作步骤如下。

（1）将该账号近一周的粉丝数据（包含日期和累计粉丝数）整理到 Excel 工作表中，如图 2-10 所示。

	A	B	C
1	日期	累计粉丝数/个	
2	2023年9月1日	157	
3	2023年9月2日	203	
4	2023年9月3日	398	
5	2023年9月4日	519	
6	2023年9月5日	670	
7	2023年9月6日	702	
8	2023年9月7日	790	
9			

图 2-10　某新媒体账号近一周的粉丝数据

（2）选中这两列数据，单击菜单栏中"插入"选项，接着单击"图表"组中的"折线图"按钮插入一个折线图，如图 2-11 所示。

（3）选中图表中的折线，右击，在弹出的快捷菜单中单击"添加趋势线"选项，如图 2-12 所示。

（4）这时图表中就会增加一条虚线表示的趋势线，在页面右侧的"设置趋势线格式"窗格中可以选择趋势线的类型，这里选择的是"线性"趋势线，通过线性回归分析来拟合出粉丝增长曲线，如图 2-13 所示。

项目 2　新媒体数据分析的思维、方法与工具

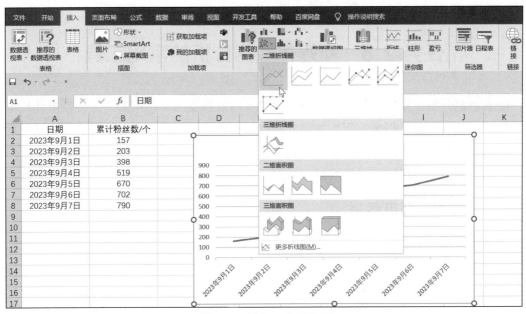

图 2-11　插入一个折线图

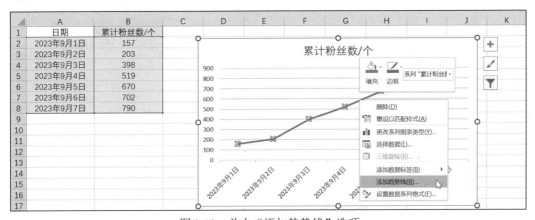

图 2-12　单击"添加趋势线"选项

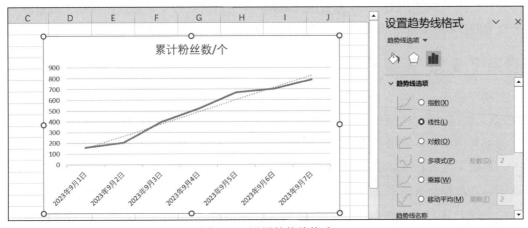

图 2-13　设置趋势线格式

任务 2.3　新媒体数据分析的常用工具

随着数据分析在新媒体领域的应用越来越多,很多企业和机构为了方便新媒体数据分析工作的开展,推出了很多实用性很强的新媒体数据分析工具,如分析新媒体账号发展状况的新榜平台、分析用户行为的平台神策数据、提供新媒体排行榜的清博智能等。下面就为大家简单介绍一下这些常用的数据分析工具。

子任务 2.3.1　西瓜数据

西瓜数据是一款公众号运营及广告投放效果监控的专业大数据分析工具,提供全网优质公众号的查询、监控及诊断等数据服务,并提供多维度的公众号榜单排名、公众号推荐等实用功能。西瓜数据的首页如图 2-14 所示。

图 2-14　西瓜数据的首页

目前,西瓜数据上收集 380 万公众号数据,4 亿篇公众号发文记录,可以"分钟级"检测公众号阅读数据,帮助新媒体运营人员快速获悉公众号运营数据,提高公众号运营效率。

子任务 2.3.2　新榜平台

新榜平台是一个综合性的新媒体内容生态服务平台,基于当下各主流的新媒体平台(如微信、微博、抖音、小红书、快手、今日头条、哔哩哔哩等),权威发布最真实、最具价值的运营榜单,以便用户能够清晰地看到新媒体平台的整体发展状态,为账号决策提供参考。新榜平台的首页如图 2-15 所示。

新榜平台会根据数据产生的时间,将各新媒体平台的数据分为日榜、周榜和月榜,在榜单板块中,用户可以看到账号的发布作品数、转发数、评论数、点赞数、新增粉丝数、累计粉丝数等数据。同时,新榜平台还基于各主流新媒体平台,提供新抖、新视、新红、

➢ 项目 2 新媒体数据分析的思维、方法与工具

图 2-15 新榜平台的首页

新站、新快等数据分析工具，为用户带来实时热门素材、品牌声量、直播电商等全面的数据监测分析能力。新榜平台的"新抖"数据分析板块如图 2-16 所示。

图 2-16 新榜平台的"新抖"数据分析板块

子任务 2.3.3 神策数据

神策数据是一个提供用户大数据分析和用户管理需求的多维度数据分析平台，具有私有化部署、支持基础数据采集与建模、PaaS 平台开发等优势。如果新媒体数据分析人员想要获取精准的用户画像，就可以借助神策数据进行用户行为分析。神策数据的首页如图 2-17 所示。

此外，神策数据还拥有多维度数据实时分析功能，以及事件分析、漏斗分析、留存分析、分布分析等 8 大分析模型，可以轻松帮助数据分析人员解决用户数据分析的各种需求，比如深度洞察用户行为，深入了解用户是从哪里来，又在哪里消失，从而找到新的产品增长点，提高企业的运营效率。

31

图 2-17　神策数据的首页

子任务 2.3.4　清博智能

清博智能是一个全域覆盖的新媒体大数据平台，也是国内制定各类互联网、新媒体、大数据排行榜的权威机构。清博智能拥有清博指数、清博舆情、新媒体管理考核系统等多个核心产品，提供微信、微博、头条号等新媒体排行榜、舆情报告、数据咨询、融媒体等服务。在清博智能中，除了可以查看微信、微博、头条号等新媒体榜单外，还可以一键查询爆款热文，及时了解市场爆文情况，为新媒体内容创作提供参考。清博智能的首页如图 2-18 所示。

图 2-18　清博智能的首页

子任务 2.3.5　微信指数

微信指数是微信官方提供的基于微信大数据分析的移动端指数查询平台，能反映关键词在微信内的热度变化情况。微信指数整合了微信上的搜索和浏览行为数据，对微信搜索、公众号、视频号等内容进行综合分析，从而获取到关键词的动态指数变化情况，便于数据分析人员查看某个词语在一段时间内的热度变化情况和最新指数动态。

微信指数通过手机微信小程序就可以查看数据情况，十分方便，具体的使用方法如下。
(1) 打开微信，点击右上角的"搜索 Q"按钮，如图 2-19 所示。
(2) 跳转到新页面，在顶部搜索框中输入"微信指数"四个关键字，选择"微信指数"小程序，如图 2-20 所示。

图 2-19　点击"搜索"按钮

图 2-20　选择"微信指数"小程序

(3) 进入"微信指数"小程序主页面，如图 2-21 所示。
(4) 在搜索框中输入需要查找的关键词（如"短视频"），即可查看近 7 天或近 30 天的关键词的指数数据，如图 2-22 所示。

图 2-21　"微信指数"小程序主页面

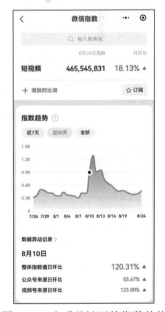

图 2-22　查看关键词的指数趋势

新媒体数据分析项目化教程

【提示】直接在微信搜索窗口搜索"关键字＋微信指数"，或"微信指数＋关键词"也可以获取关键词的指数详情。

课堂实训　使用漏斗图展示某新媒体账号的客户转化率和流失率情况

观看视频

漏斗分析法就是利用漏斗图来分析各运营环节的数据变化情况，以此衡量数据重要程度的一种数据分析方法。通常，最重要的数据会被放置在漏斗图的最下方。

在进行新媒体数据分析时，数据分析人员可以通过漏斗图来直观、清晰地展现出新媒体账号的客户转化率和流失率情况，下面就来重点学习一下如何制作漏斗图。

（1）将制作图表所需的原始数据整理到 Excel 表格中，其中要包括文章阅读数、原文阅读数、购买链接点击数和支付成功数等关键数据，如图 2-23 所示。

日期	文章阅读数/次	原文阅读数/次	购买链接点击数/次	支付成功数/个
2023年1月	3310	1231	112	23
2023年2月	5699	1800	390	58
2023年3月	7581	3097	930	77
2023年4月	6342	2923	852	82
2023年5月	5943	1941	500	89
2023年6月	5926	1801	191	25
2023年7月	4162	1310	135	14
2023年8月	3900	1136	107	50
2023年9月	8810	3945	901	91
2023年10月	5684	2115	611	78
2023年11月	5429	1945	295	50
2023年12月	6366	2554	685	55

图 2-23　制作漏斗图的数据源

（2）以图 2-23 中的数据作为数据源，选中数据区域，在菜单栏的"插入"选项卡下，单击"数据透视表"按钮，插入一张数据透视表，如图 2-24 所示。

图 2-24　单击"数据透视表"按钮

(3)弹出"创建数据透视表"对话框,确认选择的表或区域是否正确,选择放置数据透视表的位置,一般直接默认"新工作表",然后单击"确认"按钮,如图2-25所示。

图2-25 "创建数据透视表"对话框

(4)这时工作表的右侧会出现一个"数据透视表字段"窗格,在窗格中将"文章阅读数/次""原文阅读数/次""购买链接点击数/次""支付成功数/个"依次拖入"值"区域中,并将其汇总方式设置为"求和";然后把"列"区域中的"数值"选项拖入"行"区域中,如图2-26所示。

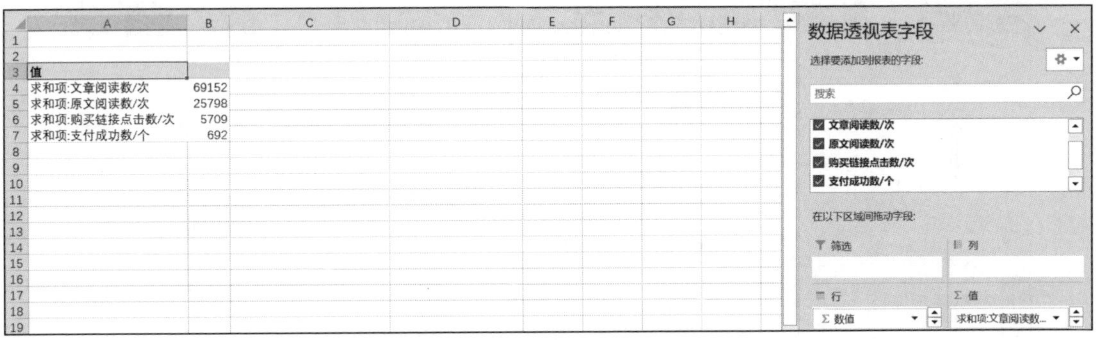

图2-26 设置数据透视表字段

(5)把数据透视表中所得的数据复制粘贴到新的工作表中,计算出制作漏斗图需要使用到的差值和转化率,如图2-27所示。

项目	次数/个数	差值的½	转化率
文章阅读数	69152	0	
原文阅读数	25798	21677	37.31%
购买链接点击数	5709	31721.5	8.26%
支付成功数	692	34230	1%

图2-27 整理数据透视表中的数据并计算差值和转化率

文章阅读数、原文阅读数、购买链接点击数和支付成功数这4个数据项之间的关系通常为：文章阅读数＞原文阅读数＞购买链接点击数＞支付成功数。要使制作的漏斗图能够表示出转化率和流失率的情况及相应的差异，就需要分别计算原文阅读数、购买链接点击数、支付成功数与文章阅读数的差值。由于漏斗图是基于条形图而创建的，计算出的差值均等分布在漏斗图的两端，条形图只能展示差值的1/2，所以这里需要计算的是文章阅读数与原文阅读数（购买链接点击数、支付成功数）之间的差值的1/2。具体的计算公式如下。

文章阅读数差值的 1/2=（文章阅读数－文章阅读数）÷2=（69152-69152）÷2=0；

原文阅读数差值的 1/2=（文章阅读数－原文阅读数）÷2=（69152-25798）÷2=21677；

购买链接点击数差值的 1/2=（文章阅读数－购买链接点击数）÷2=（69152-5709）÷2=31721.5；

支付成功数差值的 1/2=（文章阅读数－支付成功数）÷2=（69152-692）÷2=34230。

转化率的计算也很简单，由于文章阅读数是第一组数据，所以它的转化率可以不用计算，其他环节的转化率＝该环节的数值÷文章阅读数×100%，具体的计算公式如下。

原文阅读数的转化率＝原文阅读数÷文章阅读数×100%=25798÷69152×100%=37.31%；

购买链接点击数的转化率＝购买链接点击数÷文章阅读数×100%=5709÷69152×100%=8.26%；

支付成功数的转化率＝支付成功数÷文章阅读数×100%=692÷69152×100%=1%。

（6）选中 A1:C5 单元格区域，插入一个堆积条形图，如图 2-28 所示。该图表中，蓝色部分为人数，橙色部分为差值（彩图见教学资源包）。

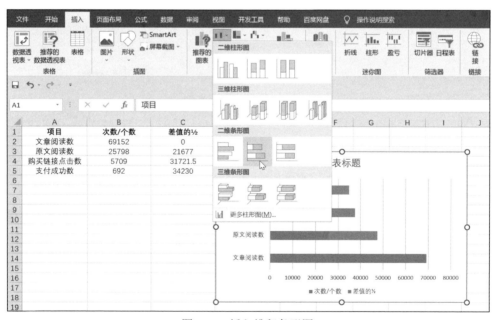

图 2-28　插入堆积条形图

（7）选中图表中的垂直坐标轴区域右击，在弹出的菜单中选择"设置坐标轴格式"命令，如图 2-29 所示。

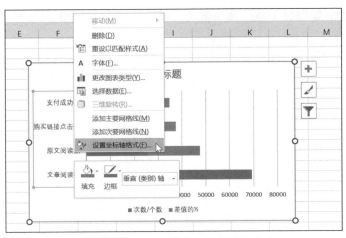

图 2-29 选择"设置坐标轴格式"命令

（8）工作表右侧弹出"设置坐标轴格式"窗格，在"设置坐标轴格式"窗格中勾选"逆序类别"的复选框，图表的绘图区域即可完成一个翻转，即垂直坐标轴中"文章阅读数"在最上面，"支付成功数"在最下面，如图2-30所示。

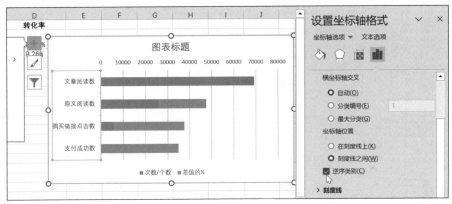

图 2-30 翻转垂直坐标轴

（9）选中图表中的条形图区域右击，在弹出的菜单中选择"选择数据"命令，如图2-31所示。

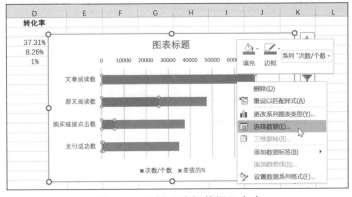

图 2-31 选择"选择数据"命令

（10）在弹出的"选择数据源"对话框中，单击"下移"按钮，把"图例项（系列）"

区域下的"次数/个数"往下移,然后单击"确定"按钮,如图 2-32 所示。

图 2-32 "选择数据源"对话框

(11)为了更为直观地查看转化率这一数据,可以在图表中添加转化率的数据标签。选中图表中的条形图区域,右击,在弹出的菜单中选择"添加数据标签"命令,如图 2-33 所示。

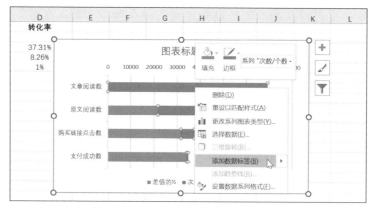

图 2-33 选择"添加数据标签"命令

(12)这时,图表中显示的数据标签为人数,需要把人数标签更换为转化率标签,再次选中图表中的条形图区域,右击,在弹出的菜单中选择"设置数据标签格式"命令,如图 2-34 所示。

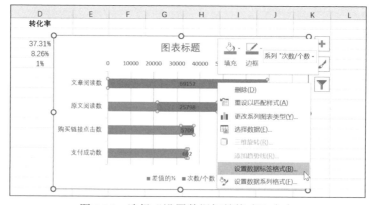

图 2-34 选择"设置数据标签格式"命令

(13)弹出"设置数据标签格式"窗格,在"标签选项"中勾选"单元格中的值"复选框,这时会弹出"数据标签区域"对话框,选择对应的数据标签区域(这里为 D2:D5 单元格区域),单击"确定"按钮,如图 2-35 所示。

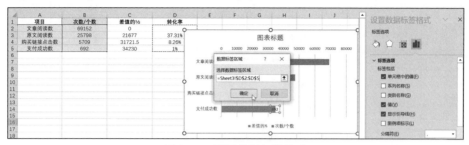

图 2-35 设置数据标签格式

(14)在"设置数据标签格式"窗格的"标签选项"中取消勾选"值",然后关闭"设置数据标签格式"窗格,如图 2-36 所示。

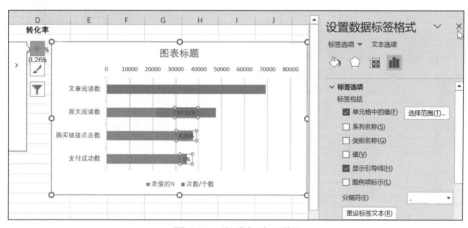

图 2-36 取消勾选"值"

(15)为了更好地展现漏斗图,将图表左侧的条形部分由橙色填充改为蓝点填充。选中图表中的橙色条形区域,右击,在弹出的菜单中选择"设置数据系列格式"命令,如图 2-37 所示(彩图见教学资源包)。

(16)弹出"设置数据系列格式"窗格,将页面切换到"填充与线条"页面中,选择"图案填充"选项,然后选择一个点线图案,如图 2-38 所示(彩图见教学资源包)。

(17)最后关闭"设置数据系列格式"窗格,将标题修改为"某新媒体账号的客户转化率和流失率情况",一个带有转化率数据标签的漏斗图就制作完成了,如图 2-39 所示。

图表中竖轴分别表示文章阅读数、原文阅读数、购买链接点击数和支付成功数;横轴表示具体的次数或人数。图表中的数据标签代表的是转化率,文章阅读数转化为原文阅读数、购买链接点击数和支付成功数的转化率分别为 37.31%、8.26% 和 1%。

通过图表中一系列数据的展示,可以清楚地知道,在客户通过该新媒体账号文章购买商品这个过程中,每个环节的转化率和流失率情况。图表中,蓝色条形的部分为每个环节的有效转化量,蓝点条形部分以及与其相对称的右边空白部分为该环节的客户流失量,用百分比来替代就是转化率和流失率。

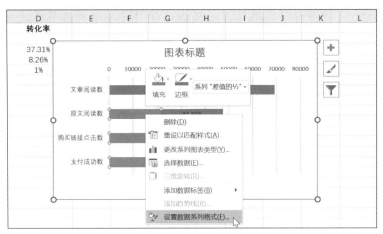

图 2-37　选择"设置数据系列格式"命令

图 2-38　选择填充图案

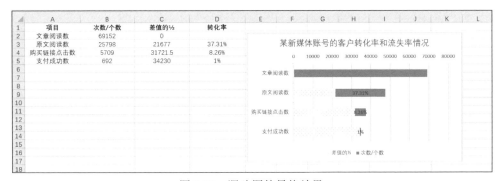

图 2-39　漏斗图的最终效果

课后作业

1. 利用对比分析法，对某餐饮企业与其竞争对手的大众点评数据进行对比分析。
2. 利用聚类分析法，按照年龄对某抖音账号的粉丝进行属性分类。
3. 使用漏斗图展示某小红书账号的客户转化率和流失率情况。

项目 3　新媒体数据的采集与处理

在进行具体的新媒体数据分析工作之前,数据分析人员首先需要获取各种与新媒体运营相关的数据源,然后通过专门的数据处理软件对采集到的数据进行清洗、加工和整理,以便这些数据能够满足新媒体数据分析的要求。

本项目将详细讲解新媒体数据的采集与处理过程,包括新媒体数据的类别和来源、新媒体数据的获取渠道,如何使用 Excel 软件对新媒体数据进行清洗、加工和处理。

任务 3.1　新媒体数据的采集

新媒体数据采集是指从新媒体环境中获取所需数据的过程。在新媒体环境中，用户的每一次搜索、每一个点击、每一条评论以及每一次转发都会被转化为数据并记录在网络上。面对海量的新媒体数据，要想获取到精准的数据源，就需要掌握一定的数据采集方法和技巧。

子任务 3.1.1　新媒体数据的类别

在新媒体运营过程中会产生大量数据，但不同平台、不同形式的数据，其分析方式或统计方法都会有所不同。因此，在采集新媒体数据之前，必须要先掌握新媒体数据的类别及常见新媒体数据形式，然后才能更有针对性地去采集新媒体数据。新媒体数据类别可以按照不同的方法进行分类。

1. 按表现形式分类

按表现形式分类，新媒体数据类别主要有两种：一种是数值型数据；另一种是图文型数据。

（1）数值型数据。

数值型数据主要是由数字组成的数据。数值型新媒体数据通过对数字的统计和分析，可以总结并评估营销效果。常见的数值型新媒体数据包括阅读数据、粉丝数据、网店销售数据、网站浏览数据、活动参与数据等。例如，某短视频账号近一年的新增粉丝数统计就属于数值型数据，如图 3-1 所示。

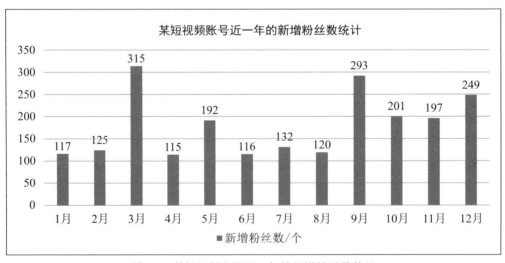

图 3-1　某短视频账号近一年的新增粉丝数统计

（2）图文型数据。

图文型数据主要是由图片和文字等形式组成的数据。图文型新媒体数据可以通过问卷调查、结构化比较、分析汇总等形式获取,这类数据的分析目的并不是评估量化的数据结构,而是为了帮助新媒体运营者找到运营的方向。

常见的图文型新媒体数据包括网站栏目分类、账号粉丝分类、微信公众号自定义菜单归类、消费者反馈、多平台矩阵分布等。例如,某新媒体企业的官方网站的栏目分类就属于图文型数据,如图 3-2 所示。

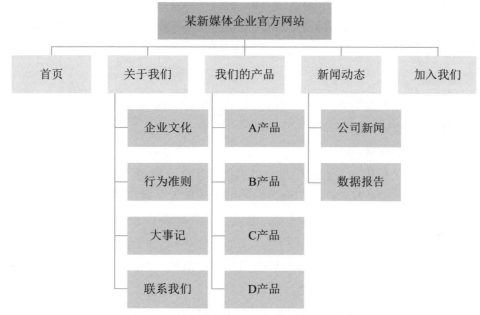

图 3-2 某新媒体企业官方网站的栏目分类

2. 按时间顺序分类

按时间顺序分类,新媒体数据类别可以分为历史数据、当前数据和预测数据(注:并非真正意义上的数据类别)。以下是对历史数据、当前数据和预测数据的详细解释。

- 历史数据:是指已经发生过的数据,主要用于总结、对照和提取有用的信息。例如,电商网店的历史运营数据、退款数据、订单数据或者销售额等。通过对历史数据的分析,可以了解过去的业绩和趋势,从中得出经验教训和行动方向。
- 当前数据:是以一定的时间为单位,反映当前时间段运营状况的数据。它的主要作用是及时了解运营现状并发现问题。例如,电商网店当日的成交转化率、销售量等。当前数据往往需要与历史数据进行对比分析,以便更好地评估当前的运营情况,并制定进一步的运营策略。
- 预测数据:是指还没有发生的未来数据,需要通过预测才能获得。它的主要作用是通过提前预测来识别经营风险,从而及时采取相关的运营和优化措施。例如,电商网店举办活动的营销成本预算、销售额预测、店铺规划等。需要注意的是,预测数据仅能作为参考数据使用,由于多种因素的影响,其实际结果可能会与预测结果存在一定的偏差。

按照时间顺序细分数据可以帮助数据分析人员更好地理解和利用数据，并根据不同类型的数据制定相应的分析策略和决策。同时，历史数据、当前数据和预测数据之间的综合分析，可以为新媒体运营提供重要的参考和指导价值。

子任务 3.1.2 新媒体数据的来源

目前常见的新媒体平台包括微信、微博、今日头条、网站等。因此，新媒体数据主要来源于这些平台，下面就为大家简单介绍一下使用频率较高的微信数据、微博数据、今日头条数据和网站数据。

1. 微信数据

微信平台账号分为微信个人号和微信公众号，因此，微信数据也主要是来源于微信朋友圈数据和微信公众号数据。

（1）微信朋友圈数据。

一般以微信个人号作为主要推广平台的新媒体团队，常以"社群运营+朋友圈运营"的方式进行品牌宣传或产品推广。因此，在分析微信朋友圈数据时，可以针对好友增长数量、朋友圈点赞数量、朋友圈购买数量、导购文案转化率等数据指标进行重点分析。例如，某微信账号发布了一条点赞领福利的朋友圈，活动结束后需要对朋友圈的点赞数量进行统计，以便评估活动效果并为参与点赞的用户赠送福利，如图 3-3 所示。

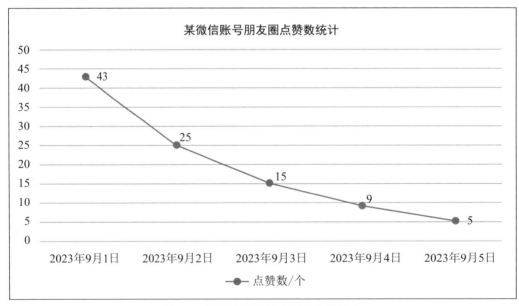

图 3-3 某微信账号朋友圈点赞数统计

（2）微信公众号数据。

对于微信公众号的运营来说，分析微信公众号数据非常重要。通过分析微信公众号的阅读数据，运营者可以得知粉丝的阅读喜好情况；通过分析公众号后台粉丝数量的增减，运营者可以分析出推广的效果。微信公众号数据包括新增关注数、取消关注数、新增用户来源、单篇图文阅读量、全部图文阅读量、微信菜单点击数等。数据分析人员可以通过微信公众号后台查看这些数据，某微信公众号某一个月的新增关注数据趋势图，如图3-4所示。

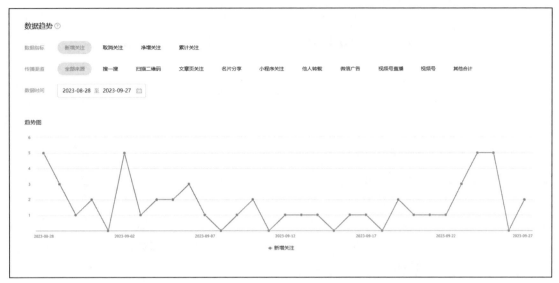

图3-4　某微信公众号某一个月的新增关注数据趋势图

2. 微博数据

常用的微博数据包括阅读数、主页浏览量、视频播放量、粉丝来源、新增粉丝数、取消关注粉丝数等。无论是企业账号，还是个人账号，都可以通过微博后台查询相关的微博数据。数据分析人员直接登录微博网页版，在账号主页中单击"我的管理中心"或"企业管理中心"按钮，进入微博管理中心页面后点击"数据助手"按钮，即可查看该账号的微博数据，如图3-5所示。

图3-5　微博后台的数据助手页面

3. 今日头条数据

作为新兴的内容平台，今日头条后台的数据统计功能也十分强大，数据分析人员可以借助今日头条数据，对账号的标题效果、内容、推荐、阅读、评论等数据进行系统地分析。某今日头条账号的后台主页数据，如图3-6所示。

图 3-6　某今日头条账号的后台主页数据

4. 网站数据

很多新媒体运营者除了利用微信、微博、今日头条等平台进行品牌推广和产品销售以外，也会利用自家的官方网站进行品牌推广和产品销售。网站的运营几乎不会受到平台更新迭代的影响，因此，网站运营在新媒体运营中也发挥着重要作用。网站数据通常包括访客数、跳出率、搜索来源、浏览量、访问深度等数据指标。数据分析人员可以通过百度统计、CNZZ、站长工具、Google Analytics 等数据分析工具获取网站数据。例如，利用百度统计查询某网站的基础数据，如图 3-7 所示。

图 3-7　利用百度统计查询某网站的基础数据

子任务 3.1.3　新媒体数据的获取渠道

做数据分析前，找到合适的数据源是非常重要的一件事。在大数据时代，数据随处可见，面对数量庞大的新媒体数据，只依靠人工来采集数据显然是不可取的，因此，数据分析人员还需要借助一些新媒体数据采集工具来提升数据采集的效率。常见的新媒体数据的获取渠道包括网络爬虫、网络指数、公开数据库、数据交易平台和网络信息采集器。

1. 网络爬虫

网络爬虫，又称为网络蜘蛛，是网络数据采集和检索的重要工具，可以自动地在互联网中进行数据采集和整理。网络爬虫可以通过编程的手段完成对目标网页的信息解析，从而高效、快速地完成数据的采集工作。大家所熟知的 Java、C++、Python、R 语言等都可以用于编写网络爬虫代码。

网络爬虫的工作机制其实并不复杂,首先发送请求给互联网特定站点,在建立连接后与该站点进行交互,获取 HTML 格式的信息;随后转移到下一个站点,并重复以上流程。通过这种自动化的工作机制,网络爬虫就可以将目标数据保存在本地数据库中供大家使用了。

网络爬虫进行数据处理(网页解析)和数据存储(将有用的信息持久化)的基本工作流程如图 3-8 所示。

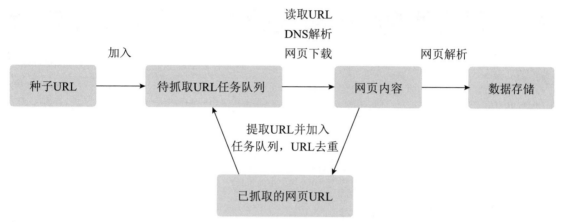

图 3-8　网络爬虫的基本工作流程

- 第 1 步:选取一部分精心挑选的种子 URL。
- 第 2 步:将这些 URL 放入待抓取 URL 任务队列。
- 第 3 步:从待抓取 URL 任务队列中读取 URL,解析 DNS,获取对应的网页内容,并将 URL 对应的网页内容下载下来,存储到已下载网页数据库中。
- 第 4 步:返回第 2 步,将网页内容中的 URL 放进已抓取 URL 任务队列,解析已抓取 URL 任务队列中的 URL,从已下载的网页数据中解析出其他 URL,并和已抓取的 URL 进行比较去重,最后将去重过的 URL 放入待抓取 URL 任务队列,从而进入下一个循环,直至 URL 任务队列为空。

【提示】URL(uniform resource locator)即统一资源定位系统,是因特网的万维网(World Wide Web,简称 WWW 或 Web)服务程序上用于指定信息位置的表示方法。URL 是 WWW 的统一资源定位标志,简单来说,URL 就是指网络地址。

网络爬虫其实是一种自由度很高的数据采集工具,用户可以通过网络爬虫对数据的格式、内容等多方面进行定制和约束,但网络爬虫的缺点也十分明显,用户需要具备一定的编程和数据库相关的知识,对使用者的技术要求较高。

2. 网络指数

现阶段有很多新媒体平台或新媒体企业的网站还不具备自动统计分析数据的功能,无法直接获取数据,因此,数据分析人员需要借助第三方数据分析工具来获取数据。获取网络指数的常用平台包括百度指数、微指数等。

（1）百度指数。

百度指数是百度官方通过统计海量网民搜索的关键词，进行基本的整理后将数据结果分享的平台。通过百度指数，数据分析人员可以了解特定关键词的搜索量和搜索趋势变化，了解当前有哪些热搜词汇，从而找到网民的关注热点。此外，百度指数还提供需求图谱、人群画像等精准分析的功能板块，可以有效地帮助新媒体运营者进行调研、策划等工作。百度指数的搜索结果页面，如图 3-9 所示。

图 3-9　百度指数的搜索结果页面

（2）微指数。

微指数是新浪微博推出的一款数据分析工具，通过关键词的热议度，以及行业或类别的平均影响力，来反映微博舆情或微博账号的发展走势。微指数是对关键词的提及量、阅读量、互动量加权得出的综合指数，更加全面地体现关键词在微博上的热度情况。同时，微指数可以对微博数据进行实时监测，及时捕捉当前社会热点事件、热点话题等，快速响应舆论走向，对政府、企业、个人和机构的舆情研究提供重要的数据服务支持。微指数分为热词指数和影响力指数两大模块，除此之外，在微指数上还可以查看热议人群以及各类账号的地域分布情况。微指数移动版首页及搜索结果页面，如图 3-10 所示。

3. 公开数据库

公开数据库是指一些由政府或者企业提供的公开信息资源库。这些数据库中的数据往往与该数据库的主办单位相关。比如，中国人民银行数据库，其内容主要包括社会融资规模、金融统计数据、货币统计、金融机构信贷收支统计、金融市场统计、企业商品价格指数等。

利用公开数据库获取新媒体数据，其优点在于数据的准确度及数据质量较高，且采集数据较为方便；缺点在于数据范围小，自主定制程度低，往往不能精确地找到所需数据。

下面为大家介绍几个常用的公开数据库。

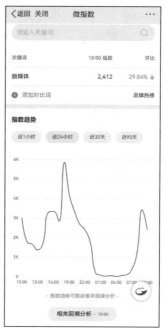

图 3-10　微指数移动版首页及搜索结果页面

（1）国家数据网站。

国家数据网站由中华人民共和国国家统计局管理并运营，提供月度、季度、年度数据，以及地区数据、普查数据、国际数据 6 类统计数据。而且该数据库还提供了我国部分政府部门网站统计数据栏目的链接，通过国家数据网站可以查看链接的各部门主要统计数据情况。另外，新版的统计数据库还可以按照个人需求制作个性化统计图表，提供可视化产品，让用户在浏览数据的同时，更加直观地观察数据变化。国家数据网站首页如图 3-11 所示。

图 3-11　国家数据网站首页

（2）中国统计信息网。

中国统计信息网是中华人民共和国国家统计局的官方网站，汇集了海量的全国各级政府各年度的国民经济和社会发展统计信息，建立了以统计公报为主，统计年鉴、阶段发展数据、统计分析、经济新闻、主要统计指标排行等为辅助的多元化统计信息数据库。中国统计信息网通过专业的索引页面，帮助使用者在最短的时间内找到需要的数据，大大减少了数据使用者在查询数据时所消耗的时间。中国统计信息网首页如图 3-12 所示。

图 3-12　中国统计信息网首页

（3）搜数网。

搜数网是一家专门面向统计和调查数据的专业数据垂直搜索网站，也是一个集统计数据查询、数据挖掘分析及统计数据图形展示功能于一体的大型统计年鉴资料数据总库。搜数网数据收录种类齐全，包括统计摘编、统计汇编、系列报道、年报、统计数典、统计资料、统计概要、抽样调查资料、普查资料、发展报告等。而且搜数网的检索界面布局简洁易懂，同时还为用户提供了多样化的搜索功能，增强了用户检索数据的全面性和准确性，方便用户及时查找数据信息。搜数网首页如图 3-13 所示。

图 3-13　搜数网首页

4. 数据交易平台

由于现在很多行业都需要进行数据分析，对数据的需求很大，也因此催生出了很多专门进行数据交易的平台，如优易数据、数据堂等。这些数据交易平台既提供免费数据，也提供付费数据。

（1）优易数据云。

优易数据云是国内领先的数据交易平台，由国家信息中心发起成立，拥有大数据、人工智能、区块链、物联网等新一代信息技术，专注于大数据基础软件产品研发与技术服务优化，面向政府现代化治理、城市指挥运行和企业数字化转型，提供基于数据操作系统（DataOS）的一站式领域解决方案和数字化在线服务。优易数据云首页如图 3-14 所示。

图 3-14　优易数据云首页

优易数据云拥有 B2B 和 B2C 两种交易模式，包含政务、社会、社交、教育、消费、交通、能源、金融、健康等多个领域的数据资源。

（2）数据堂。

数据堂是一个专注于人工智能（AI）数据服务的互联网综合数据交易平台，为客户提供智能驾驶、游戏与娱乐、智能家居、新零售等人工智能（AI）数据定制服务及解决方案，同时还提供数据采集、数据标注等个性化数据定制服务，以帮助客户快速降低数据处理成本，提升人工智能（AI）模型性能。数据堂首页如图 3-15 所示。

图 3-15　数据堂首页

数据堂拥有非常丰富的自有版权数据库，包含语音识别、医疗健康、交通地理、电子商务、社交网络、图像识别等方面的数据，适用于各种常见的人工智能（AI）应用场景。

5. 网络信息采集器

网络信息采集器被很多用户作为初级的数据采集工具，因为它不需要太高的技术成本，仅通过软件的形式就可以轻松实现网络数据的采集。在网络信息采集器中，数据分析人员只需设置一些网页的基本信息，设计出数据读取的工作流程，定制好需要采集的数据，就可以自动采集所需数据了。

例如，"八爪鱼"采集器就是一款使用率很高的网络信息采集器。作为一款专业的数据采集软件，"八爪鱼"采集器能够实时采集全行业、全场景、全类型的互联网数据，并且"八爪鱼"采集器操作简便、采集速度快、采集结果精准，支持简易采集和自定义采集。"八爪鱼"采集器首页如图 3-16 所示。

图 3-16 "八爪鱼"采集器首页

【提示】网络信息采集器虽然具有采集数据简单、便捷等优点，但无论是处理复杂数据的能力，还是数据自由定制的能力，均弱于网络爬虫。因此，如果是采集少量简单的数据，可以选择网络信息采集器；如果是要采集大量复杂的数据，则还是要依靠网络爬虫来完成。

任务 3.2　新媒体数据处理

新媒体数据处理是指对采集到的新媒体数据进行清洗、加工、整理等方面的工作，为后面具体的新媒体数据分析做准备。通常各大网站的后台都只具备数据查阅功能，无法对数据进行二次加工，因此，数据分析人员需要通过专门的数据处理软件对待分析的数据进行加工处理。下面将以数据分析中最常用的 Excel 软件为例，为大家详细讲解如何进行数据的清洗、加工和处理。

子任务 3.2.1 数据清洗

观看视频

数据处理的第一步就是数据清洗，利用 Excel 进行数据清洗，能够有效保证数据清洗的准确性。通过 Excel 不仅可以检查数据格式，还可以进行数据去重、处理默认值、检查数据逻辑等数据清洗操作。

1. 检查数据格式

在 Excel 中单元格的数据包含数值、文本、日期、货币等多种格式。不同类型的数据对应不同的格式，如果数据的格式有误，将会影响到数据表的使用。因此，进行数据清洗首先需要检查数据格式是否正确。

在检查数据格式时，应该重点关注以下几个格式问题，如图 3-17 所示。

- 日期格式
- 时间格式
- 数值格式的小数位数
- 数值格式的千位分隔符
- 百分比格式

图 3-17　检查数据格式时应重点关注的格式问题

检查数据格式的方法很简单，只需选中对应数据列，单击菜单栏的"开始"选项，然后在"数字"组的选项框中查看数据列的格式。这里我们选中的数据列为"日期"列，"数字"组的选项框中显示的格式也为"日期"，说明该数据列格式正确，无须更改，如图 3-18 所示。

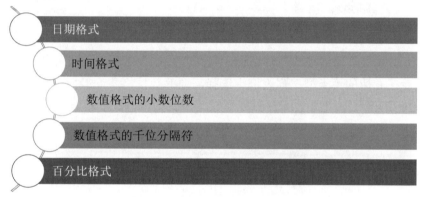

图 3-18　检查数据格式

如果需要修改和调整数据格式，也可以通过"设置单元格格式"对话框来完成。这里将图 3-18 中的日期格式由"2023/9/1"改为"2023 年 9 月 1 日"这种形式，具体的操作步骤如下。

（1）选中"日期"列的数据，单击菜单栏中的"开始"选项，接着单击"数字"组中的"启动器"按钮，如图 3-19 所示。

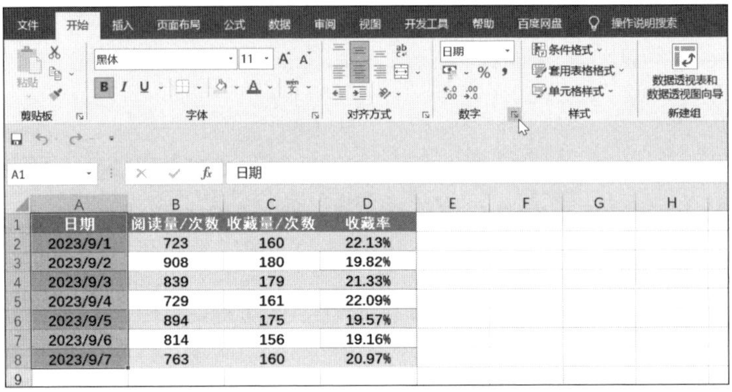

图 3-19　单击"数字"组中的"启动器"按钮

（2）弹出"设置单元格格式"对话框，先在"数字"选项卡的"分类"列表框中选中"日期"，然后在右边的"类型"列表框中选择需要的数据格式，最后单击"确定"按钮即可，如图 3-20 所示。

图 3-20　"设置单元格格式"对话框

2. 数据去重

有些数据表由于数据体量庞大，或者收集数据时不够仔细，可能会存在一些重复数据，这些重复的数据往往会对后期的数据分析造成一定的困扰。因此，删除重复数据是数据清洗过程中一项重要的任务。Excel 中为大家提供了专门的数据去重功能，可以快速删除数据表中的重复项。下面以删除数据表中重复的商品数据为例，讲解通过"删除重复项"功能去重的具体操作步骤。

（1）在 Excel 工作表中，选中需要删除重复统计的商品数据区域，然后点击菜单栏中的"数据"选项，接着单击"数据工具"组中的"删除重复值"按钮，如图 3-21 所示。

图 3-21 单击"数据工具"组中的"删除重复值"按钮

（2）弹出"删除重复值"对话框，勾选有重复数据出现的列，这里只用勾选"商品编码"列（即 A 列）的复选框即可，然后取消勾选"数据包含标题"复选框，单击"确定"按钮，如图 3-22 所示。

图 3-22 "删除重复值"对话框

【提示】删除重复值时，应选取有重复数据出现的列，且该列数据的重复不具备实质性的意义。例如，在图 3-21 中"销售价格"列的数据和"库存"列数据，出现数据重复的情况很正常，这样的重复是有意义的，因此不能作为数据是否重复的判断标准。而"商品编码"列的数据，代表了整体的商品数据，且具有唯一性，如果该列数据出现重复的情况，就是不正常的，所以这里选取删除重复值的数据列为"商品编码"列。

（3）弹出一个新的对话框，单击“确定”按钮，确定删除重复值，如图 3-23 所示。

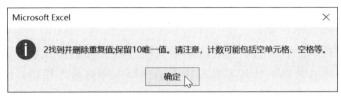

图 3-23　确定删除重复值

（4）查看数据删除效果，如图 3-24 所示。执行“删除重复值”命令后，表格中编码重复商品的所有数据（包括商品编码、销售价格、库存）均被删除了。

3. 处理默认值

有的数据可能会出现数据默认的情况，默认的数据通常会以空白单元格的形式显示，如图 3-25 所示。因此，在进行数据清洗时，除了检查数据格式，进行数据去重，还应该检查并处理默认数据，使默认数据对数据分析的影响降到最低。

	A	B	C	D
1	商品编码	销售价格/元	库存/件	
2	1058671	88	344	
3	1052262	100	355	
4	1064282	128	176	
5	1056337	86	179	
6	1058761	99	133	
7	1052707	50	123	
8	1061036	69	125	
9	1058510	86	143	
10	1063432	59	239	
11				
12				
13				

图 3-24　查看数据删除效果

	A	B	C	D
1	商品编码	销售价格/元	库存/件	
2	1058671	88	344	
3	1052262	100	355	
4	1064282		176	
5	1056337	86	179	
6	1058761	99		
7	1052707	50	123	
8	1061036	69	125	
9	1058510		143	
10	1063432	59	239	
11				

图 3-25　含有默认值的数据表

在 Excel 中默认值的处理方式与重复值的处理方式有所不同，如果是重复值直接删除即可，但默认值却不能直接删除，通常有 3 种处理方式，如图 3-26 所示。

替换默认值是最常用的一种默认值处理方式，通常是用平均值进行替换，如一组商品销售数据中存在默认值，可以用平均销量来进行替换。删除默认值是指删除默认值在内的一组数据。如果样本数据量很大，也可以选择忽略默认值。

下面以最常用的平均值替换默认值为例，为大家展示一次性替换所有默认值的方法，具体的操作步骤如下。

（1）在 Excel 工作表中，通过“AVERAGE”函数计算“B 列”数据的平均值，在“B11”单元格中输入求平均值的函数公式“=AVERAGE(B2:B10)”，按 Enter 键，即可自动求得该列数据的平均值，如图 3-27 所示。

（2）选中 A1:B10 单元格区域，按 Ctrl+G 组合键，打开“定位”对话框，单击对话框中的“定位条件”按钮，如图 3-28 所示。

（3）弹出“定位条件”对话框，选中“空值”单选按钮，单击“确定”按钮，如图 3-29 所示。

图 3-26 默认值的 3 种处理方式

图 3-27 计算平均值

图 3-28 "定位"对话框

图 3-29 "定位条件"对话框

（4）执行空值定位条件后，B 列中所有的空值单元格就会被查找出来，并且此时被定位的默认值单元格处于选中状态，如图 3-30 所示。

（5）保证空值处于选中状态，在任一空值单元格中输入平均值，按 Ctrl + Enter 组合键，此时所有选中的空值单元格都将被填充上平均值，如图 3-31 所示。

图 3-30 选中默认值所在单元格　　　　图 3-31 替换所有默认值

【提示】Ctrl + Enter 组合键能够对选中的单元格进行批量数据输入。

4. 检查数据逻辑

原始数据表可能存在不符合逻辑的数据，例如，某短视频作品的播放量为 1000 次，点赞量却有 1100 个，那么这显然是不符合逻辑的。在数据量较大的情况下，如果想要依靠人工对数据进行逐一核对，来检查数据的逻辑是否正确，很难完成，这时可以通过 Excel 中的“IF”函数来快速判断数据逻辑是否正确。

“IF”函数是 Excel 中用于判断数据逻辑是否正确的常用函数，下面就以某企业 2023 年的新媒体推广费用为例，为大家讲解如何利用“IF”函数检查数据逻辑。

某企业 2023 年每月的新媒体推广费用，如图 3-32 所示。假设该企业每月的新媒体推广费用预算为 5000 元，从数据逻辑方面来看，该企业每月的新媒体推广费用都应小于 5000 元，才符合数据逻辑。

现在使用“IF”函数判断该企业每月的新媒体推广费用的数据是否符合逻辑，若正确，其返回值为“正确”二字；若不正确，其返回值为“错误”二字，具体的操作步骤如下。

（1）在 Excel 工作表中增加逻辑值返回列（C 列），在 C1 单元格中输入字段名“逻辑是否正确”，如图 3-33 所示。

	A	B	C
1	月份	推广费用/元	
2	1月	4000	
3	2月	4500	
4	3月	4580	
5	4月	4560	
6	5月	4500	
7	6月	4900	
8	7月	4850	
9	8月	5320	
10	9月	4500	
11	10月	4580	
12	11月	5160	
13	12月	4630	
14			

图 3-32　某企业每月的新媒体推广费用

C1　　逻辑是否正确

	A	B	C	D
1	月份	推广费用/元	逻辑是否正确	
2	1月	4000		
3	2月	4500		
4	3月	4580		
5	4月	4560		
6	5月	4500		
7	6月	4900		
8	7月	4850		
9	8月	5320		
10	9月	4500		
11	10月	4580		
12	11月	5160		
13	12月	4630		
14				

图 3-33　增加逻辑值返回列

（2）在 C2 单元格中输入“IF”函数公式“=IF(B2<5000, " 正确 ", " 错误 ")”，按 Enter 键即可判断出 B2 单元格的数据是否符合数据逻辑，如图 3-34 所示。

（3）选中 C2 单元格，将鼠标指针悬停在单元格右下方，当鼠标变成黑色十字形状时，双击鼠标左键即可快速给整列填充公式，如图 3-35 所示。

C2　　=IF(B2<5000,"正确","错误")

	A	B	C	D	E
1	月份	推广费用/元	逻辑是否正确		
2	1月	4000	正确		
3	2月	4500			
4	3月	4580			
5	4月	4560			
6	5月	4500			
7	6月	4900			
8	7月	4850			
9	8月	5320			
10	9月	4500			
11	10月	4580			
12	11月	5160			
13	12月	4630			
14					

图 3-34　输入“IF”函数公式

C2　　=IF(B2<5000,"正确","错误")

	A	B	C	D	E
1	月份	推广费用/元	逻辑是否正确		
2	1月	4000	正确		
3	2月	4500	正确		
4	3月	4580	正确		
5	4月	4560	正确		
6	5月	4500	正确		
7	6月	4900	正确		
8	7月	4850	正确		
9	8月	5320	错误		
10	9月	4500	正确		
11	10月	4580	正确		
12	11月	5160	错误		
13	12月	4630	正确		
14					

图 3-35　快速给整列填充公式

完成公式复制后，就可以根据返回值快速判断数据是否符合逻辑了。如图3-35中，8月和11月的逻辑值显示"错误"，说明该数据的逻辑不正确，需要进行详细核对。

子任务 3.2.2　数据加工

观看视频

在经过数据清洗以后，数据分析人员还需要根据数据分析的不同目的，对数据进行加工。数据加工是数据分析的一个重要步骤，在数据加工过程中，需要对不同项目的数据进行分类、转化、重组和计算。数据加工不仅可以增加数据表的信息量，还可以改变数据表的表现形式，从而激发更多的数据分析思路，发现更有价值的数据信息。

1. 数据分类

数据分类是通过一定的标准，将数据表中的数据项目分到不同的组别中，从而对不同组别的数据，采取不同的分析方式和优化策略。例如，利用数据分类的思路对某新媒体账号的粉丝进行分类，根据粉丝关注账号的时长，将粉丝分为普通粉丝和优质粉丝，如图3-36所示。然后，针对普通粉丝采取一定的留存策略；针对优质粉丝予以重点维护，最大限度激发粉丝价值。

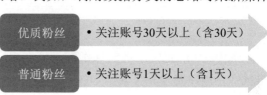

图3-36　粉丝分类

在Excel中，可以利用"VLOOKUP"函数快速对数据进行分类。"VLOOKUP"函数是一个纵向查找函数，可以用来反映数据所在分组的名称。也就是按列查找对应数据，最终返回该列，查询所需序列对应的值。

利用"VLOOKUP"函数对数据进行分类时，需要先在数据表中设置一个条件区域，如图3-37所示。设置条件区域的目的是为函数建立一个数据分类的依据，条件区域中的"阈值"表示该组数据的最小值。

	A	B	C	D	E	F	G	H
1	粉丝账号	关注账号时长/天	粉丝等级		条件区域			
2	1128944	120			阈值	级别分组	关注时长范围/天	
3	1020913	23			0	普通粉丝	0~29	
4	1221093	291			30	优质粉丝	30以上	
5	1121303	83						
6	1158213	120						
7	1032306	150						
8	1235627	10						
9	1323252	82						
10	3233210	29						
11	2109372	53						
12	2123901	9						
13	2323509	30						
14	1930921	165						
15	1052910	10						
16	1253213	187						
17								

图3-37　设置条件区域

然后在C2单元格中输入函数公式"=VLOOKUP(B2,$E$3:$F$4,2)"，按Enter键获得返回值结果，如图3-38所示。公式所表达的含义是，根据B2单元格的数据在E3:F4单元格区域寻找相匹配的阈值，然后返回阈值对应的第2列数据。例如，B2单元格的数据为"120",所匹配的阈值为"30",该阈值所对应的第 2 列数据为"优质粉丝",因此,在 C2 单元格中输入公式后,其返回值结果为"优质粉丝"。

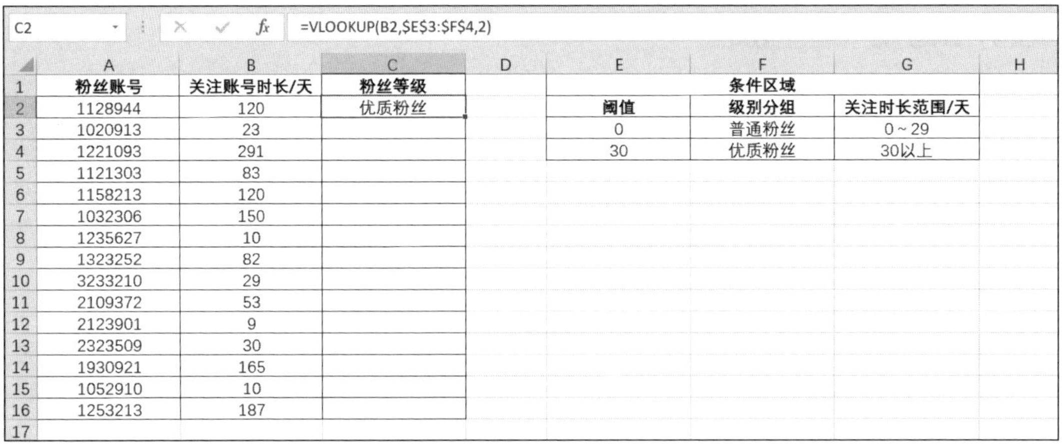

图 3-38 输入函数公式

选中 C2 单元格,将鼠标指针悬停在单元格右下方,当鼠标变成黑色十字形状时,双击鼠标左键快速填充公式至 C16 单元格,如图 3-39 所示。

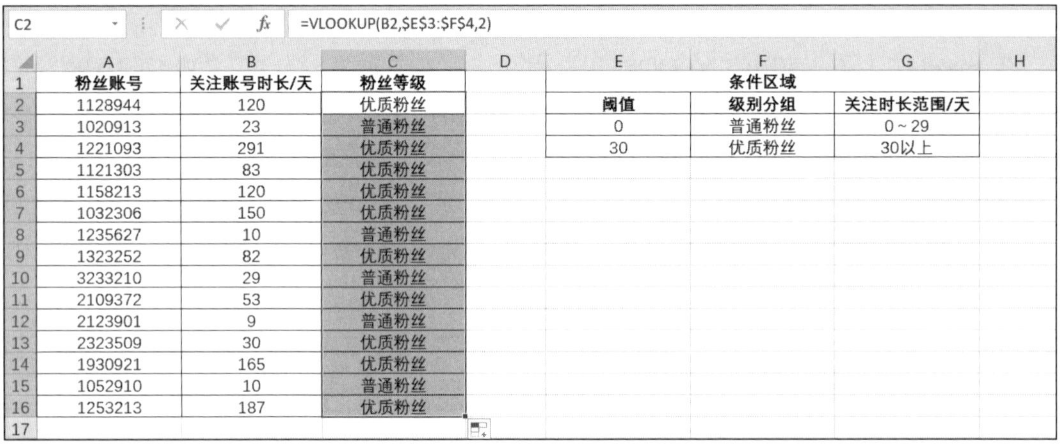

图 3-39 快速填充公式

2. 数据转换

数据表中数据的统计形式一定要便于后期数据分析工作的开展,如行列的字段设置、数据的记录方式等都要方便后期的数据分析能够顺利进行。如果数据的统计形式不符合数据分析的要求,就需要对其进行转换。

例如,某抖音账号近一周(9 月 4 日—9 月 10 日)的视频播放量统计如图 3-40 所示。该数据表是一张一维表,如果要添加更多日期的数据时,只能在数据表中往右添加数据,这样的行列设置非常不方便使用者查看数据。

在这种情况下,不需要重新输入数据,只需使用 Excel 中的"选择性粘贴"功能中的置换方式即可实现行列转换,具体的操作步骤如下。

项目 3　新媒体数据的采集与处理

	A	B	C	D	E	F	G	H	I
1	日期	9月4日	9月5日	9月6日	9月7日	9月8日	9月9日	9月10日	
2	播放量/次数	8290	7293	8297	9775	9207	8213	9031	
3									

图 3-40　某抖音账号近一周的视频播放量统计

（1）选中需要转换行列的数据区域，按 Ctrl + C 组合键复制数据，然后在工作表中选择一个空白单元格，如 A7 单元格，转换后的数据将放置在这里。接着在菜单栏中点击"开始"选项，在"剪贴板"组中单击"粘贴"按钮，在弹出的下拉列表中单击"选择性粘贴"选项，如图 3-41 所示。

图 3-41　单击"选择性粘贴"选项

（2）在弹出的"选择性粘贴"对话框中，选中"转置"复选框，单击"确定"按钮，如图 3-42 所示。

图 3-42　"选择性粘贴"对话框

【提示】在"选择性粘贴"对话框中，首先要确定粘贴方式，"粘贴"默认选中"全部"按钮，"运算"选中"无"按钮，这种方式可以保留数据的格式、公式、数值不变。

（3）转置后的效果如图 3-43 所示，此时数据就完成了行列转换。

	A	B	C	D	E	F	G	H	I
1	日期	9月4日	9月5日	9月6日	9月7日	9月8日	9月9日	9月10日	
2	播放量/次数	8290	7293	8297	9775	9207	8213	9031	
3									
4									
5									
6									
7	日期	播放量/次数							
8	9月4日	8290							
9	9月5日	7293							
10	9月6日	8297							
11	9月7日	9775							
12	9月8日	9207							
13	9月9日	8213							
14	9月10日	9031							
15									

图 3-43　完成行列转换后的效果

3. 数据重组

由于数据分析的目的不同，所需的数据项目也会有所不同。在统计数据时，当数据项目不符合数据分析需求时，需要对数据进行重组，如拆分数据、合并数据或者抽取数据等，使数据表中的数据通过重组以后能够满足数据分析的要求。

（1）拆分数据。

拆分数据是将一个数据拆分成两个数据。在收集到的数据中，一列数据项可能同时包含多种数据信息。例如，客户信息中同时包含了客户名称和客户年龄两种数据信息，如图 3-44 所示。在数据分析时，可能需要对客户名称和客户年龄进行单独统计，这时就需要将数据进行拆分。

使用 Excel 中的"分列"功能，可以根据数据的规律对其进行数据拆分，具体的操作步骤如下。

图 3-44　客户信息

① 选中需要拆分的数据列，单击菜单栏中的"数据"选项，在"数据工具"组中单击"分列"按钮，如图 3-45 所示。

图 3-45　单击"分列"按钮

② 弹出"文本分列向导 - 第 1 步"对话框，由于数据列中含有分隔符号，这里默认选择"分隔符号"单选按钮，单击"下一步"按钮，如图 3-46 所示。

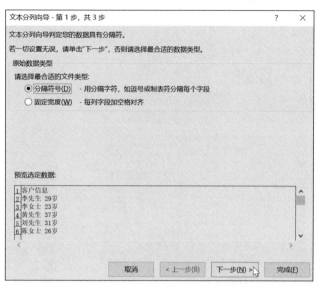

图 3-46 "文本分列向导 - 第 1 步"对话框

【提示】数据拆分的方式有两种：一种是分隔符拆分；另一种是固定宽度拆分。如果需要拆分的数据列中有逗号、分号、空格等分隔符号，可以选择使用分隔符拆分数据；如果需要拆分的数据列中有固定的字符宽度，如商品编号、身份证号等，可以选择使用固定宽度拆分数据。

③ 进入"文本分列向导 - 第 2 步"对话框，选中"空格"复选框，单击"下一步"按钮，如图 3-47 所示。

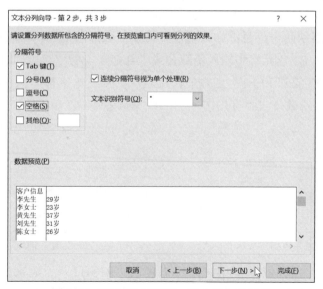

图 3-47 "文本分列向导 - 第 2 步"对话框

④ 进入"文本分列向导 - 第 3 步"对话框，按默认信息，单击"完成"按钮，如图 3-48 所示。
⑤ 将"客户信息"数据列拆分成两列数据的效果，如图 3-49 所示。

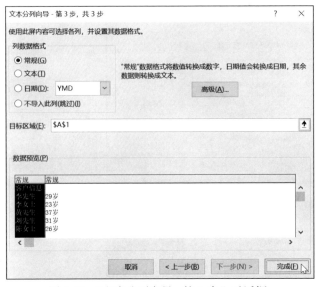

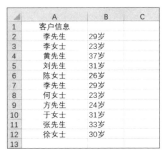

图 3-48 "文本分列向导 - 第 3 步"对话框　　　图 3-49 成功拆分数据后的效果

（2）合并数据。

合并数据是指将两个数据合并成一个数据。例如，有些数据表中年份数据与月份数据分在两列，这时就可以将其合并为"年份＋月份"数据。合并数据需使用逻辑链接符号"&"，即可让数据合并显示。例如，要想合并 A2 单元格和 B2 单元格的数据，只需在 C2 单元格中输入公式"=A2&B2"后按 Enter 键，即可合并显示 A2 单元格和 B2 单元格中的数据，如图 3-50 所示。

（3）抽取数据。

抽取数据是指从现有的原始数据中抽取部分数据作为数据分析的对象。例如，某数据列中包含了部门和组别两个信息，如果现在只需要抽取部门信息，可以使用"LEFT"函数来抽取数据。直接在 B2 单元格中输入函数公式"=LEFT（A2,7）"，即可抽取所属新媒体部门数据，如图 3-51 所示。"LEFT"函数的作用是从一个文本字符串的左边开始，抽取指定个数的字符，所以，函数公式"=LEFT（A2,7）"表示抽取 A2 单元格左边的 7 个字符。

图 3-50 合并数据　　　图 3-51 抽取部门数据

同理，如果只需要抽取组别信息，可以使用"RIGHT"函数来抽取数据。在 C2 单元格中输入函数公式"=RIGHT（A2,3）"，即可抽取组别信息数据，如图 3-52 所示。

“RIGHT”函数表示从一个文本字符串的右边开始，抽取指定个数的字符。

4. 数据计算

数据计算是重要的数据加工过程，包括计算出数据项目的和、乘积、平均值等。下面以某直播间的商品销售数据为例，为大家简单展示一下数据计算的过程。如图 3-53 所示，已知直播间商品的销量和售价，现在需要计算直播间这些商品的销售额。

C2　=RIGHT(A2,3)

	A	B	C	D
1		部门	组别	
2	新媒体事业一部运营组	新媒体事业一部	运营组	
3	新媒体事业二部运营组			
4	新媒体事业一部直播组			
5	新媒体事业二部直播组			
6	新媒体事业一部客服组			
7	新媒体事业二部客服组			
8				
9				

图 3-52　抽取组别数据

	A	B	C	D	E
1	商品链接	销量/件	售价/元	销售额/元	
2	1号链接	148	89		
3	2号链接	123	120		
4	3号链接	80	159		
5	4号链接	86	150		
6	5号链接	190	68		
7	6号链接	50	195		
8	7号链接	88	139		
9	8号链接	90	120		
10	9号链接	86	180		
11	10号链接	75	108		
12					

图 3-53　某直播间的商品销售数据

商品的销售额 = 销量 × 售价，即用 B 列的数据 ×C 列的数据。在 D2 单元格中输入公式“=B2*C2”，按 Enter 键获取计算结果，如图 3-54 所示。

选中 D2 单元格，将鼠标指针悬停在单元格右下方，当鼠标变成黑色十字形状时，双击鼠标左键快速填充公式至 D11 单元格，如图 3-55 所示。

D2　=B2*C2

	A	B	C	D	E
1	商品链接	销量/件	售价/元	销售额/元	
2	1号链接	148	89	13172	
3	2号链接	123	120		
4	3号链接	80	159		
5	4号链接	86	150		
6	5号链接	190	68		
7	6号链接	50	195		
8	7号链接	88	139		
9	8号链接	90	120		
10	9号链接	86	180		
11	10号链接	75	108		
12					

图 3-54　输入公式

D2　=B2*C2

	A	B	C	D	E
1	商品链接	销量/件	售价/元	销售额/元	
2	1号链接	148	89	13172	
3	2号链接	123	120	14760	
4	3号链接	80	159	12720	
5	4号链接	86	150	12900	
6	5号链接	190	68	12920	
7	6号链接	50	195	9750	
8	7号链接	88	139	12232	
9	8号链接	90	120	10800	
10	9号链接	86	180	15480	
11	10号链接	75	108	8100	
12					

图 3-55　快速填充公式

子任务 3.2.3　数据处理

观看视频

在 Excel 中还有很多数据处理的实用功能，如排序、筛选、分类汇总等，用好这些功能能够极大地提升后期数据分析的效率。

1. 数据排序

排序是数据处理的重要手段之一，在 Excel 中排序的方法有很多，比如按升序或降序排序、按颜色排序以及自定义排序等，数据分析人员应该根据实际情况选择合适的方法。

（1）按升序或降序排序。

按升序或降序排序是最常见的一种数据排序方法，即按数值大小对数据进行排序。具体操作是选中数据的字段单元格，单击“升序”或“降序”按钮即可。

例如，某抖音小店按店内商品的销量高低对其进行降序排序。具体的操作为：选中 B 列数据区中的任一单元格，如 B1 单元格，单击菜单栏中的"数据"选项，然后直接在"排序和筛选"组中单击"降序"按钮，即可对"销量"数据列的数据进行降序排序，如图 3-56 所示。

图 3-56　降序排序

（2）按颜色排序。

在数据分析时，通常会将一些比较重要的数据单独标注出来，以不同的颜色予以显示。比如，设置单元格的填充底色，或者改变字体颜色。但这些标注了颜色的数据可能分布在数据表的不同位置，不方便查看。如果能将这些标注了颜色的数据进行排序，置于数据表的最前面，将会更加便于数据分析工作的开展。在 Excel 中为用户提供了按单元格颜色和字体颜色进行排序的功能，其具体操作步骤如下。

① 选中任意一个带有颜色的单元格，右击，在弹出的快捷菜单中依次单击"排序"→"将所选单元格颜色放在最前面"选项，如图 3-57 所示。

图 3-57　单击"将所选单元格颜色放在最前面"选项

② 查看排序后的结果，所有红色标准的单元格数据都排到了最前面，如图 3-58 所示

（彩图见教学资源包）。

（3）自定义排序。

上述介绍的两种排序方法都是比较简单的排序方法，但在实际的数据处理过程中，会遇到一些比较复杂的排序问题，需要自行设置排序条件来满足排序需求，有的情况下，甚至还需要借助函数公式及其他方法来实现数据排序。

通常，数据排序的规则比较简单，只需根据数据的大小进行排序即可，但文字排序的规则却要复杂很多。例如，在分析商品销量数据时，需要按照商品的品类进行排序，即按照“上装”→“下装”→“裙装”→“外套”的顺序显示商品数据。某网店的商品销量数据如图 3-59 所示。

	A	B	C
1	商品编码	销量/件	
2	51000001	1631	
3	51000003	1280	
4	51000006	1500	
5	51000002	680	
6	51000004	860	
7	51000005	990	
8	51000007	188	
9	51000008	690	
10	51000009	118	
11	51000010	290	
12			

图 3-58　按单元格颜色排序的结果

	A	B	C	D
1	商品名称	商品品类	销量/件	
2	T恤/打底衫	上装	3200	
3	针织衫/毛衣	上装	980	
4	牛仔裤	下装	921	
5	风衣	外套	375	
6	休闲裤	下装	638	
7	衬衫	上装	1102	
8	打底裤	下装	930	
9	短外套	外套	280	
10	卫衣	上装	890	
11	连衣裙	裙装	1250	
12	羽绒服/棉衣	外套	398	
13	半身裙	裙装	962	
14	阔腿裤	下装	788	
15				

图 3-59　商品销量数据表

这时需要按商品品类进行排序，可以自行设置一个排序规则。同时，Excel 中还可以对多列数据进行多条件排序。下面我们就依次按照商品品类和销量进行自定义序列的多列排序，具体的操作步骤如下。

① 在 Excel 工作表中，选中数据区域，单击菜单栏的“数据”选项，接着单击“排序和筛选”组中的“排序”按钮，如图 3-60 所示。

	A	B	C
1	商品名称	商品品类	销量/件
2	T恤/打底衫	上装	3200
3	针织衫/毛衣	上装	980
4	牛仔裤	下装	921
5	风衣	外套	375
6	休闲裤	下装	638
7	衬衫	上装	1102
8	打底裤	下装	930
9	短外套	外套	280
10	卫衣	上装	890
11	连衣裙	裙装	1250
12	羽绒服/棉衣	外套	398
13	半身裙	裙装	962
14	阔腿裤	下装	788
15			

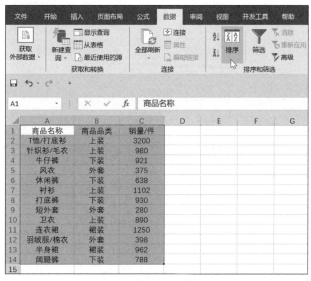

图 3-60　单击“排序”按钮

② 弹出"排序"对话框，在"主要关键字"下拉列表框中选择"商品品类"选项，在"次序"下拉列表框中选择"自定义序列"选项，如图 3-61 所示。

图 3-61 "排序"对话框

③ 弹出"自定义序列"对话框，在"输入序列"文本框中，按照需要排序的顺序输入商品品类名称"上装,下装,裙装,外套"，注意名称之间用英文逗号隔开，然后依次单击"添加"→"确定"按钮，如图 3-62 所示。

图 3-62 "自定义序列"对话框

④ 返回"排序"对话框，单击"添加条件"按钮，如图 3-63 所示。

图 3-63 单击"添加条件"按钮

⑤ 设置排序条件，设置"次要关键字"为"销量/件"，设置"次序"为"降序"，单击"确定"按钮，如图3-64所示。

图3-64 设置排序条件

⑥ 这时数据表中的数据就会先按照商品品类排序，然后再按照销量排序，其排序效果如图3-65所示。

商品名称	商品品类	销量/件
T恤/打底衫	上装	3200
衬衫	上装	1102
针织衫/毛衣	上装	980
卫衣	上装	890
打底裤	下装	930
牛仔裤	下装	921
阔腿裤	下装	788
休闲裤	下装	638
连衣裙	裙装	1250
半身裙	裙装	962
羽绒服/棉衣	外套	398
风衣	外套	375
短外套	外套	280

图3-65 执行自定义序列多列排序命令后的效果

2. 数据筛选

在海量的数据中筛选出最有价值的数据进行数据分析，将会有效提高数据分析的工作效率。因此，数据筛选在数据处理过程中占据着非常重要的地位。Excel提供的数据筛选功能可以帮助用户快速查找和定位目标信息，并将不需要的信息过滤掉。

在Excel中进行数据筛选，需要先开启筛选功能。具体的方法为：选中数据区域任一单元格，点击菜单栏中的"数据"选项，接着单击"排序和筛选"组中的"筛选"按钮。此时第一行数据的字段名称单元格旁边会出现一个三角形按钮，通过该按钮即可进行各种数据筛选操作，如图3-66所示。

根据不同的数据类型，可以执行不同的筛选操作，如按颜色筛选、数字筛选或文本筛选等。下面以图3-66中的数据为例，进行这3种筛选操作。

（1）按颜色筛选。

按颜色筛选适用于标注了颜色的数据，如图3-66所示，"关键词"数据列中部分单元格有颜色填充，现在需要筛选出这些有颜色填充的数据。单击"关键词"列的筛选按钮，在弹出的快捷菜单中选择"按颜色筛选"→"按单元格颜色筛选"选项，接着选择需要筛选的单元格颜色即可，如图3-67所示。筛选后的结果如图3-68所示。

图 3-66　开启筛选功能

图 3-67　按颜色筛选数据　　　　　图 3-68　按颜色筛选数据后的结果

（2）按数字筛选。

按数字筛选适用于数字型的数据，其筛选方式较多，包括大于、小于、不等于、介于、高于平均值、低于平均值、自定义筛选等。以图 3-66 中的数据为例，筛选搜索指数高于平均值的数据，只需单击"搜索指数"列的筛选按钮，在弹出的快捷菜单中选择"数字筛选"→"高于平均值"选项即可，如图 3-69 所示。筛选后的结果如图 3-70 所示。

（3）按文本筛选。

按文本筛选适用于文本型的数据，例如，在图 3-66 的"关键词"数据列中筛选包含"新媒体"的关键词数据。单击"关键词"列的筛选按钮，直接在快捷菜单的搜索文本框中输入"新媒体"关键词，单击"确定"按钮即可，如图 3-71 所示。筛选后的结果如图 3-72 所示。

图 3-69 按数字筛选数据

图3-70 按数字筛选数据后的结果

图 3-71 按文本筛选数据

图 3-72 按文本筛选数据后的结果

【提示】直接在搜索文本框中输入指定值进行筛选的方式，同样适用于数字型数据和日期型数据。另外，如果需要清除筛选结果，则单击菜单栏"筛选"按钮旁的"清除"按钮即可，如图 3-73 所示。

图 3-73 清除筛选结果

3. 数据分类汇总

Excel 的分类汇总功能可以快速对各项目数据进行统计，运用数据分析对比思维对各项数据总和、平均数等指标进行准确对比。数据分类汇总的操作思路，如图 3-74 所示，通常需要先将汇总的项目排列到一起，然后再执行汇总命令，系统才能将排列到一起的数据进行汇总。

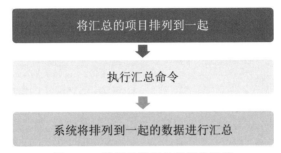

图 3-74 数据分类汇总的操作思路

以某新媒体企业 2023 年上半年在主流新媒体平台的粉丝增长数据为例，进行数据的分类汇总，具体的操作步骤如下。

（1）对 2023 年上半年的粉丝增长数据进行分类汇总，需要以"月份"数据列作为分类依据。首先对"月份"数据列进行排序，将相同的日期排列到一起。选中"月份"列任一单元格，单击菜单栏中的"数据"选项，然后在"排序和筛选"组中单击"升序"按钮，如图 3-75 所示。

图 3-75 将相同的日期排列到一起

（2）完成排序以后，选中全部数据区域，单击菜单栏中的"数据"选项，然后在"分级显示"组中单击"分类汇总"按钮，如图 3-76 所示。

（3）弹出"分类汇总"对话框，设置分类字段为"月份"，汇总方式为"求和"，勾选选定汇总项中的"新增粉丝数 / 个"，其他信息按默认勾选，单击"确定"按钮，如图 3-77 所示。

（4）分类汇总结果中显示了不同月份下的新增粉丝数总和，如图 3-78 所示。

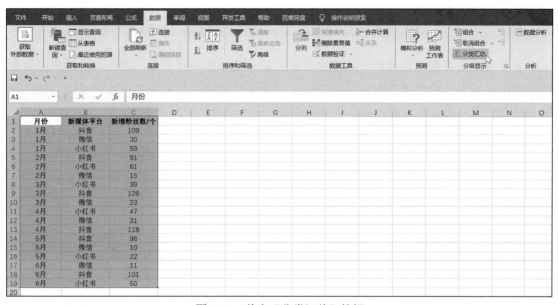

图 3-76 单击"分类汇总"按钮

图 3-77 "分类汇总"对话框

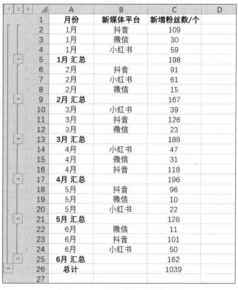

图 3-78 分类汇总结果

（5）单击汇总表左上角的按钮"1""2""3"可以分级查看汇总结果。如图 3-79 所示为 2 级汇总结果，没有显示项目明细，直接显示了每个月份的汇总数据。

图 3-79 2 级汇总结果

课堂实训 1　通过百度指数获取关键词相关数据

百度指数主要是以百度用户的行为数据为基础的数据分析平台，它可以针对用户搜索的关键词进行专业的数据分析，是新媒体运营者进行营销决策的重要依据。百度指数包括趋势研究、需求图谱和人群画像 3 个重要板块。

1. 趋势研究

百度指数的"趋势研究"板块主要展示关键词的搜索指数、搜索指数概览，以及资讯指数和资讯指数概览。例如，搜索关键词"新媒体"，查看该关键词近 30 日的整体搜索趋势（即 PC 端搜索趋势＋移动端搜索趋势），如图 3-80 所示。

图 3-80　"新媒体"关键词的搜索趋势页面

搜索指数展示了互联网用户对关键词搜索的关注程度及持续变化情况，从图 3-80 中可以看到，9 月 5 日和 9 月 12 日用户对"新媒体"关键词的关注度相对较高，而 8 月 20 日、8 月 27 日用户对"新媒体"关键词的关注度相对较低。

搜索指数概览展示的是关键词在所选时间段内的总体搜索指数表现，如日平均值及其同比、环比变化趋势等。

下拉页面即可看到资讯指数趋势图和资讯指数概览，如图 3-81 所示。资讯指数展示的是新闻资讯在互联网上对特定关键词的关注及报道程度的持续变化情况。资讯指数趋势图中的峰值，表现了该关键词在新闻资讯出现的高频率，也代表着市场对该关键词具有较高的关注度。

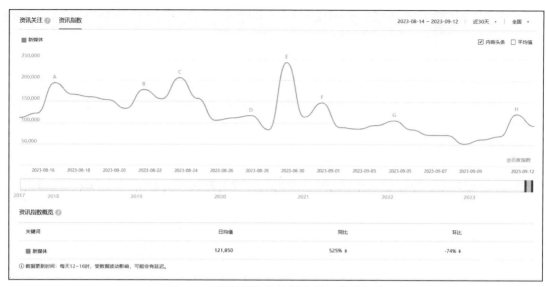

图 3-81 资讯指数趋势图和资讯指数概览

【提示】单击资讯指数趋势图上的任意一个字母,如单击字母 A,在弹出的对话框中可以看到近 30 天与特定关键词相关的热点话题,如图 3-82 所示。

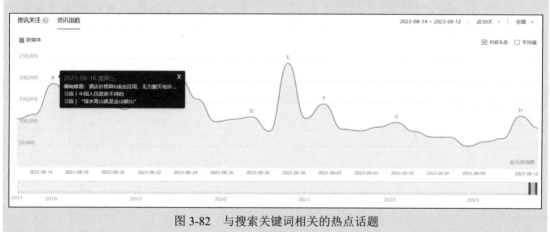

图 3-82 与搜索关键词相关的热点话题

2. 需求图谱

百度指数的"需求图谱"板块主要是根据关键词检索相关词,并展示相关词的搜索趋势和搜索热度等信息,以帮助数据分析人员挖掘出特定关键词背后隐藏的关注焦点和消费需求。在百度指数中将页面切换到"需求图谱"板块中,可查看近 7 天的相关词信息,如图 3-83 所示。从图中可以看到与"新媒体"关键词相关性较强的词语有"新媒体运营""新媒体的发展"等。

"需求图谱"板块能够显示百度用户对搜索关键词相关的认知分布,使数据分析人员了解到用户在使用百度搜索过程中经常把哪些词语与该关键词联系起来,从而为新媒体数据分析提供更为直观的数据依据。

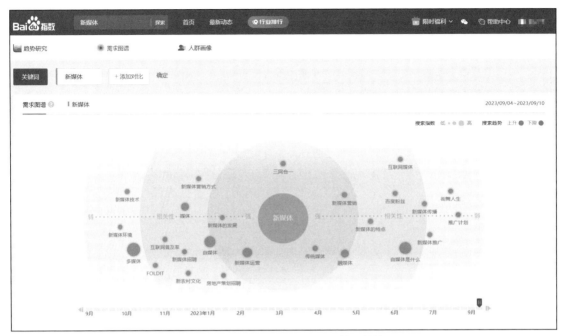

图 3-83 百度指数的"需求图谱"板块

下拉页面还可以看到相关词热度排名，包括相关词的搜索热度排名和搜索变化率排名，如图 3-84 所示。相关词热度可以通过百度用户的搜索行为，从关键词的相关信息中挖掘出最热门的相关词和上升速度最快的相关词。

图 3-84 搜索关键词的相关词热度分析

3. 人群画像

百度指数的"人群画像"板块主要展示某一时间段内，关键词搜索人群的地域分布、年龄分布、性别分布以及兴趣分布等信息。首先看到的是搜索关键词近 30 日的地域分布情况及排名，包括省份、区域和城市排名，如图 3-85 所示。通过地域分布数据展示，数据分析人员可以清楚地知道搜索该关键词的用户来自哪些地域。例如，从图3-85中可以看到，广东搜索"新媒体"关键词的用户最多，说明广东的用户对新媒体的关注度较高。

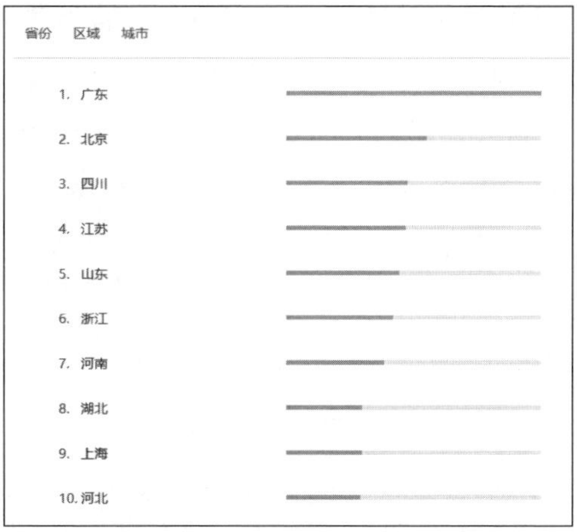

图3-85 搜索关键词的地域分布情况

下拉页面，可以查看搜索人群的"人群属性"，包括搜索人群的年龄分布和性别分布情况。如图3-86所示，可以看到搜索"新媒体"关键词的用户，其年龄主要为≤29岁的用户，且女性用户与男性用户基本持平。

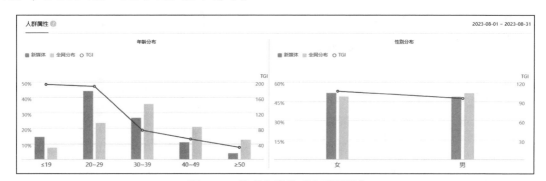

图3-86 搜索人群的"人群属性"

继续下拉页面，还可以查看搜索人群的兴趣分布情况，如图3-87所示。"人群画像"板块中的"兴趣分布"是基于百度搜索用户行为数据以及画像库，展示搜索关键词的人群分布情况以及相对全网平均表现的强弱程度。

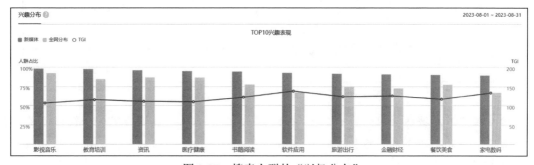

图3-87 搜索人群的"兴趣分布"

课堂实训 2　使用 Excel 将二维表转换成一维表

数据表有一维表和二维表两种形式，为了方便后续进行具体的数据分析，通常情况下，我们采用一维表来记录数据。如果一开始获取到的数据表是二维表，或者在输入数据时不小心输成了二维表，不需要重新输入数据，可以在 Excel 中使用相关工具直接转换成一维表。以图 3-88 中的二维数据表为例，将其转换为一维表，具体的操作步骤如下。

图 3-88　二维数据表

（1）在 Excel 工作表中，单击菜单栏的"文件"选项，依次单击"更多"→"选项"按钮，弹出"Excel 选项"对话框。单击"自定义功能区"选项，在"从下列位置选择命令"下拉菜单中选择"不在功能区中的命令"选项，如图 3-89 所示。

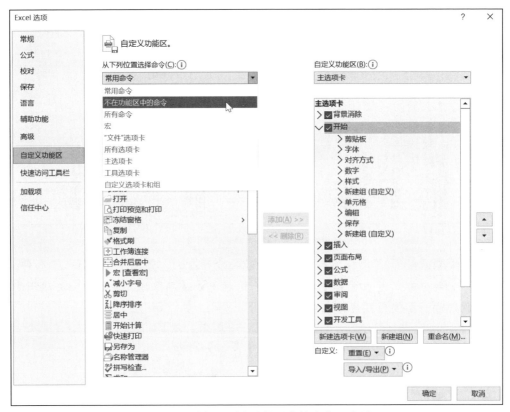

图 3-89　选择"不在功能区中的命令"选项

（2）在"不在功能区中的命令"下方的列表框中，选择"数据透视表和数据透视图向导"选项，并单击"添加"按钮，将其添加到右边的功能区，然后单击"确定"按钮，如图 3-90 所示。

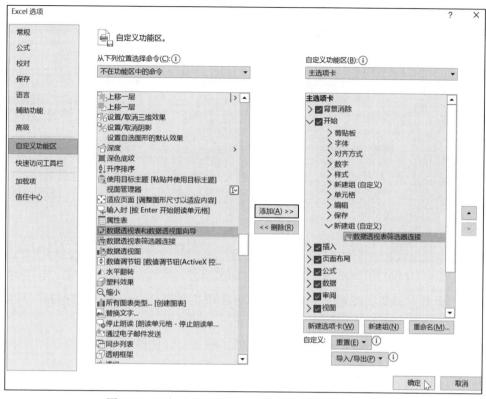

图 3-90 添加"数据透视表和数据透视图向导"工具

（3）添加"数据透视表和数据透视图向导"工具后，在 Excel 工作表的菜单栏就会出现"数据透视表和数据透视图向导"按钮，单击该按钮，打开"数据透视表和数据透视图向导"对话框，如图 3-91 所示。

图 3-91 单击"数据透视表和数据透视图向导"按钮

（4）弹出"数据透视表和数据透视图向导"对话框，选中"多重合并计算数据区域"单选按钮，单击"下一步"按钮，如图 3-92 所示。

（5）弹出新对话框，选中"创建单页字段"单选按钮，单击"下一步"按钮，如图 3-93 所示。

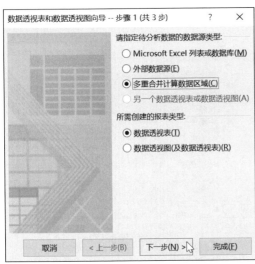

图3-92 选中"多重合并计算数据区域"单选按钮

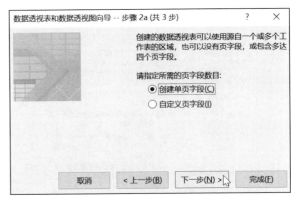

图3-93 选中"创建单页字段"单选按钮

（6）弹出新对话框，拖动鼠标选择需要转换的二维表区域，即"A1：D4"单元格区域，然后单击"下一步"按钮，如图3-94所示。

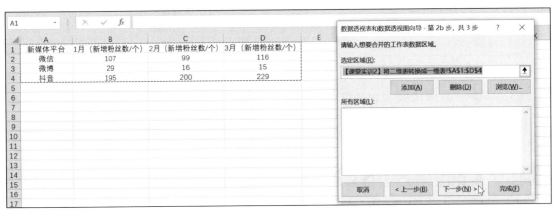

图3-94 选择需要转换的二维表区域

（7）弹出新对话框，默认在现有工作表中创建数据透视表，单击"完成"按钮，如图3-95所示。

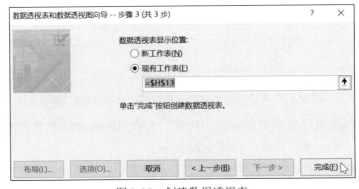

图3-95 创建数据透视表

（8）调整数据透视表的显示，在"数据透视表字段"窗格中，取消选中"行"和"列"复选框，然后双击数据透视表中"求和项：值"下方的数值单元格，如图3-96所示。

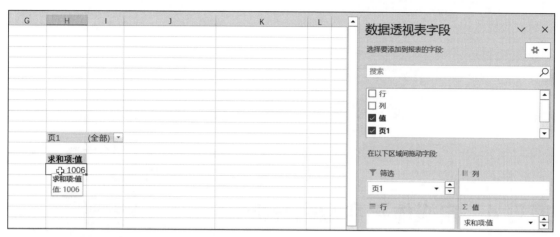

图3-96　调整数据透视表的显示

（9）最后，呈现出来的一维表效果，如图3-97所示。

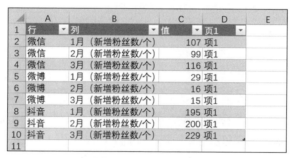

图3-97　一维表效果

课后作业

1. 利用"八爪鱼"数据采集软件采集京东平台某商品搜索数据。
2. 利用Excel中"排序和筛选"功能对某抖音账号的视频播放量进行降序排序。

项目 4 自媒体平台数据分析

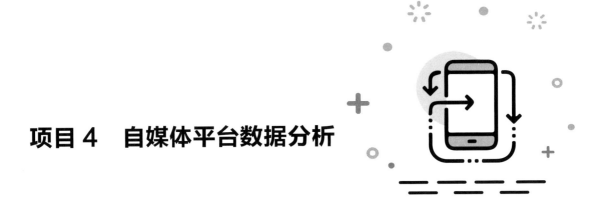

　　自媒体是新媒体的一种应用形式,是指个人或组织利用新媒体平台,通过自己的创作,实现信息发布和传播的一种媒体形式。自媒体具有个性化、门槛低、自主性等特点,常见的自媒体平台有微信公众号、微博、今日头条和小红书等。

　　自媒体平台数据分析可以为自媒体账号提供宝贵的运营信息,帮助自媒体账号运营者了解用户行为、优化内容策略、提高社交媒体营销效果。本项目将从微信公众号、微博、今日头条和小红书等当下主流自媒体平台入手,为大家详细讲解自媒体平台数据分析的实战技能。

任务 4.1 微信公众号

微信公众平台简称公众号，该平台可以进行消息推送、品牌传播、分享等一系列新媒体运营活动。在微信公众号平台上，运营人员除了做好日常的编辑、发布工作以外，还需要做好公众号的数据监测和数据分析工作，这样才能更好地优化和提升各项运营数据，进而达到最佳的公众号运营效果。

在微信公众号后台包含 6 大数据分析板块，分别是内容分析、用户分析、菜单分析、消息分析、接口分析和网页分析，如图 4-1 所示。

图 4-1 微信公众号后台的 6 大数据分析板块

【提示】接口分析和网页分析是针对公众号二次开发（即公众号的单独开发）后的数据分析，通常一般的公众号很少使用这类数据分析，因此，这里重点介绍用户分析、内容分析、菜单分析和消息分析这 4 个公众号数据分析板块。

子任务 4.1.1 用户数据分析

微信公众号后台的"用户分析"板块包括用户增长和用户属性两部分内容。其中，用户增长数据可以反映公众号的"涨粉"情况；用户属性数据可以反映公众号的用户画像。

1. 用户增长数据

用户增长数据包括 4 个关键指标，即新关注人数、取消关注人数、净增关注人数和累计关注人数，如图 4-2 所示。

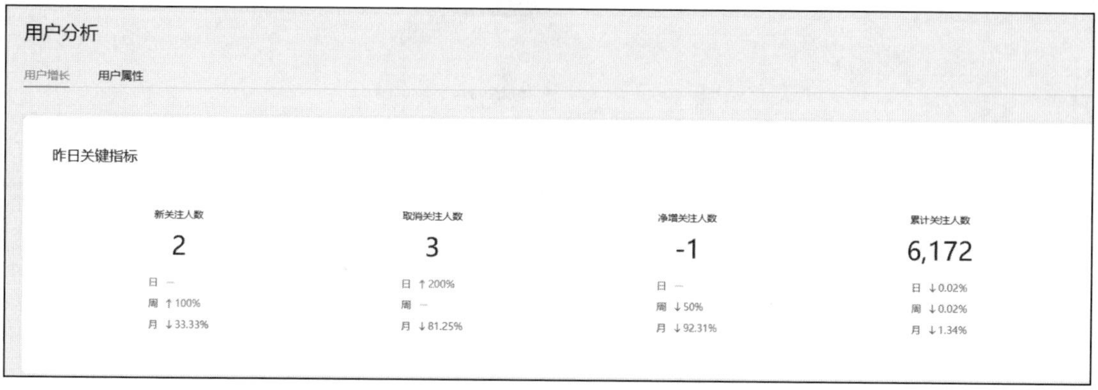

图 4-2 用户增长数据的 4 个关键指标

（1）新增关注。

新增关注（新关注人数）是指新关注公众号的用户数，是判断一个公众号用户增长趋势的重要指标。在微信公众号后台，数据分析人员可以查看指定日期的新增关注数据趋势图，如图 4-3 所示。

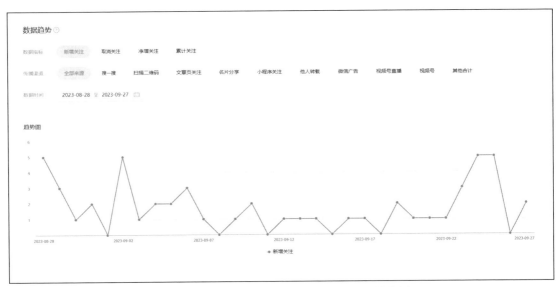

图 4-3　查看某微信公众号的新增关注数据趋势图

在分析新增关注数据时，需要特别留意数据的突然变化。比如，某一天新增粉丝突然增多，数据分析人员就需要对用户突然增长的原因进行仔细分析，看看那天的内容、选题、传播渠道哪一方面正好满足了用户需求。

除了分析数据的突然变化之外，数据分析人员还可以分析新增用户的增长来源。在"趋势图"下方的"渠道构成"板块中可以查看新增关注的渠道构成情况，包括搜一搜、扫描二维码、其他合计等，如图 4-4 所示。

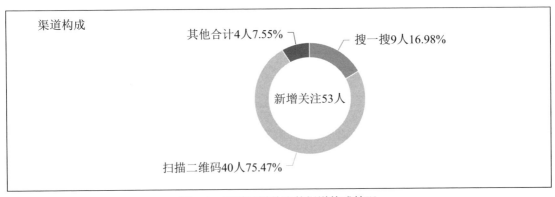

图 4-4　查看新增关注的渠道构成情况

（2）取消关注。

取消关注（取消关注人数）是指取消关注公众号的用户数，该指标也是在进行用户增长数据分析时需要重点分析的数据指标。取消关注数据指标和新增关注数据指标一样，在微信公众号后台，数据分析人员可以查看指定日期的取消关注数据趋势图，如图 4-5 所示。

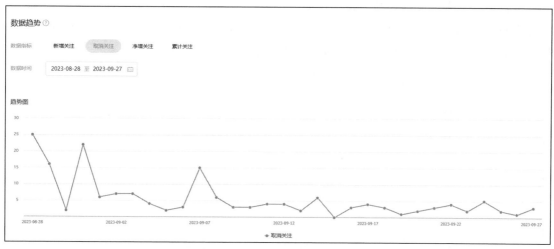

图 4-5　查看某微信公众号的取消关注数据趋势图

维护一个老客户的成本往往要比增加一个新客户的成本低很多，因此，一旦企业的微信公众号出现取消关注的情况，运营人员就一定要引起重视。尤其是那种短时间内取消关注人数突然增多的情况，数据分析人员需要及时对用户取消关注的原因进行分析，从而找到解决问题的方案。

（3）净增关注。

净增关注（净增关注人数）是指公众号新关注用户数减去取消关注用户数，该指标衡量的是一定时期内公众号用户的净增长数量。某微信公众号的净增关注数据趋势图，如图 4-6 所示。

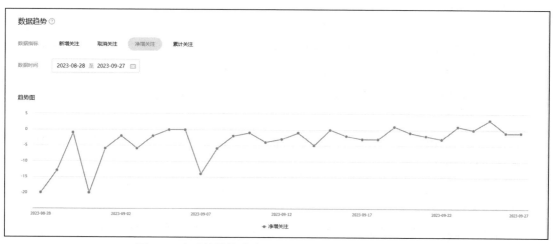

图 4-6　查看某微信公众号的净增关注数据趋势变化图

净增关注数据指标能够很好地检验公众号的推广效果。比如，某微信公众号在 9 月和

10月分别发布了两篇推广软文，数据分析人员就可以通过查看在9月和10月的净增关注数据趋势图，判断哪篇推广软文的效果更好。

（4）累计关注。

累计关注（累计关注人数）是指目前关注公众号的用户总数。除了新关注人数、取消关注人数、净增关注人数以外，数据分析人员还可以通过累计关注人数来分析公众号的运营效果和"涨粉"情况。某微信公众号的累计关注数据趋势变化图，如图4-7所示。

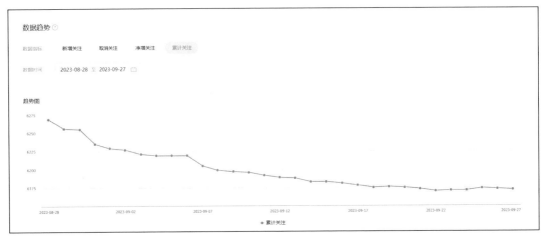

图4-7　查看某微信公众号的累计关注人数趋势变化图

2. 用户属性数据

用户属性数据，主要表现的是公众号的用户画像，通过分析公众号的用户属性数据，运营人员能够更好地了解公众号的粉丝情况，进而开展有针对性的运营活动，提升公众号的运营效率。微信公众号后台的用户属性数据包括人口特征、地域归属、访问设备3部分内容。

（1）人口特征。

人口特征展示了公众号用户的性别分布、年龄分布和语言分布，如图4-8所示。运营人员可以根据用户的人口特征对投放的内容进行优化和调整，比如，通过性别分布知道了该微信公众号的男性用户高于女性用户，那么在投放公众号内容时，就应该以时政、财经、运动、游戏等内容为主，并且写作时尽量使用沉稳一点的语言风格。

（2）地域归属。

地域归属包括用户的省级分布和地级分布，运营人员可以通过该部分的数据清楚地掌握公众号用户的地域分布情况，如图4-9所示。

微信公众号的运营人员可以根据用户的地域分布情况开展有针对性的营销活动，其具体的营销思路如下。

① 根据不同地区的消费水平判断公众号用户的消费水平和购买力。比如，某微信公众号的用户主要集中在一、二线城市，则说明该公众号用户的消费水平相对较高，购买力也相对较强。

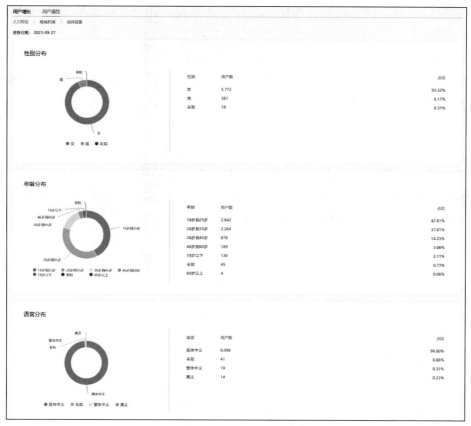

图 4-8　用户属性分析中的"人口特征"板块

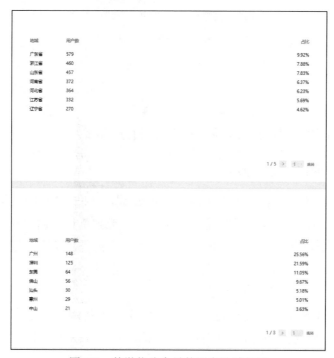

图 4-9　某微信公众号的用户地域归属

② 根据用户在不同城市的分布情况，优先选择用户比较集中的城市举办线下活动、粉丝见面会等。

③ 根据不同的地区，进行具有当地特色的信息推广，尽量贴合当地的文化特点进行内容创作。比如，某微信公众号的用户大多数来自北京，那么创作以北漂、胡同等话题为主的内容就更容易引起用户的共鸣。

（3）访问设备。

在公众号运营中，同样的标题和封面在不同访问设备上显示也不同，其推广效果往往也不一样。例如，某微信公众号的用户终端分布，如图4-10所示。从图4-10中可以看到使用Android手机访问公众号的用户最多，那些该公众号内容的图文排版、封面尺寸、标题长度等都需要调整到适合Android手机用户的状态，以提升这部分主流用户的阅读体验。

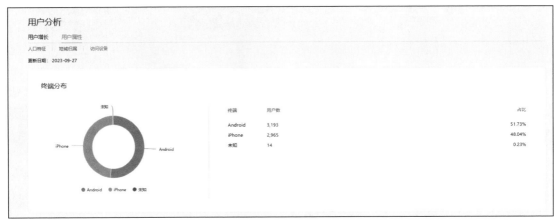

图4-10 某微信公众号的用户终端分布

访问设备分析对于App产品或游戏产品的推广来说非常重要，在推广App产品或游戏产品时，运营人员应该注重用户使用设备情况，根据用户的终端分布情况来选择最适合自己的公众号进行推广合作。例如，新媒体企业近期推出了一款新的App产品，该产品目前只能在Android手机上使用，那么该企业如果要在公众号上推广该款App产品，就需要优先选择Android手机用户占比较大的公众号进行产品推广。

子任务 4.1.2　内容数据分析

微信公众号后台的"内容分析"板块包括群发数据（图文数据）和视频数据（视频/音频数据）两部分。在"内容分析"板块中除了可以看到总体数据以外，还可以看到单篇群发数据和单个视频数据。微信公众号主要是发布图文内容的平台，要想针对每次推送的图文进行数据分析，就需要围绕公众号的图文阅读量展开分析。下面将以单篇群发数据为例，讲解公众号图文阅读量的分析方法。

公众号图文阅读量属于图文数据，是微信公众号运营的核心指标之一。人们常说的"10万+"文章，即指阅读量超过10万次的文章，在微信公众号中，文章阅读量超过10万以后，在对外展示文章阅读量时就不会再展示具体的数值，只展示"10万+"的字样，所以"10万+"也逐渐成为高阅读量文章的代名词，创作出"10万+"阅读量文章也是很多新媒体运营不断追求的目标。某微信公众号发布的文章阅读量达到了"10万+"，如图4-11所示。

公众号图文阅读量的来源主要有两大渠道：一是公众号消息；二是用户转发。想提高图文平均阅读量，首先以选题和标题作为切入点，提升图文内容的首次打开率；其次要让阅读了这篇文章的用户产生转发的意愿，提升图文内容的分享率。

在微信公众号后台的"内容分析"板块中，依次选择"已发表内容分析"→"单篇"选项，即可查看的单篇图文内容的相关数据，如图4-12所示。

点击单篇图文右侧的"详情"按钮，可以进一步查看该篇图文内容的送达转化、分享转化、数据趋势、阅读完成情况以及用户画像。分析公众号图文阅读量主要查看的是送达转化和分享转化这两个数据指标的内容。

图4-11 "10万+"阅读量的文章

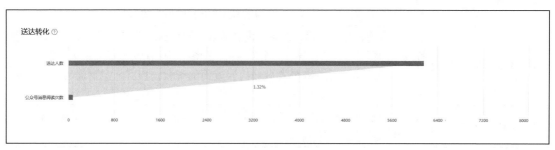

图4-12 指定日期单篇群发数据

送达转化指标反映的是单篇图文内容的首次打开率，也就是公众号消息阅读次数与送达人数之间的比值，如图4-13所示，图中的1.32%即为该篇图文内容的首次打开率。

图4-13 送达转化指标

【提示】公众号图文的首次打开率不等于打开率，首次打开率是指公众号消息阅读次数与送达人数之间的比值；而打开率又称为点击率，是指总阅读次数与送达人数之间的比值。不过二者都是反映选题或标题对用户的吸引程度。为了便于统计，通常所说的打开率都是指总打开率，而非首次打开率。

分享转化指标包括公众号消息阅读次数、首次分享次数、总分享次数和分享产生的阅读次数，如图4-14所示。单篇图文内容的首次分享率是指首次分享次数与公众号消息阅读次数之间的比值；单篇图文内容的总分享率是指分享产生的阅读次数与总分享次数之间的比值。

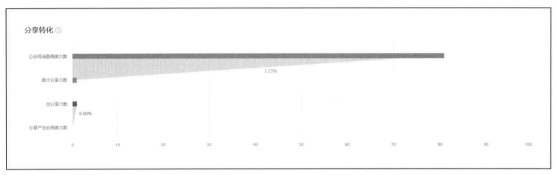

图4-14　单篇图文内容的分享转化数据

打开率和分享率是微信公众号内容数据分析中的两个重要指标，其中，打开率可以反映标题质量，分享率可以反映用户对内容的满意度。因此，结合打开率和分享率，发布在公众号上的文章会出现4种情况，如表4-1所示。

表4-1　微信公众号文章的4种情况

文章的情况	具体说明
打开率低、分享率低	这类文章的选题、标题、内容质量都不好，既无法吸引用户点击浏览，也无法使用户产生分享的欲望，因此这类文章的阅读量也不会高，是最差的一种数据情况。 对于这类文章，运营人员首先需要从选题上找原因，然后再分析内容和标题，最后进行相应的优化和调整
打开率低、分享率高	这类文章正文内容质量还不错，但标题不能很好地吸引用户，所以这类文章阅读量通常也不高。 对于这类文章，运营人员可在优化标题或推荐语后再进行推送
打开率高、分享率低	这类文章通常标题不错，但正文内容不好，用户诉求没有得到满足，也就是俗称的"标题党"，所以导致点击文章的人很多，但愿意分享转发的人却很少。 对于这类文章，运营人员要做好内容方面的优化，内容一定要能为用户提供价值
打开率高、分享率高	这类文章的标题和正文内容都不错，不仅阅读量很高，"涨粉"效果也不错，是运营人员追求的理想状态

子任务 4.1.3 菜单数据分析

微信公众号在消息界面底部设置了自定义菜单，作为用户互动的入口。用户可以通过点击菜单选项，收到设定的响应，如收取消息、跳转链接等。如图 4-15 所示，为某微信公众号底部的菜单栏。

在微信公众号后台的"菜单分析"板块中有 3 个关键指标：菜单点击次数、菜单点击人数和人均点击次数，数据分析人员可以在该页面查看最近 30 天、最近 15 天和最近 7 天的菜单点击数据以及相对应的数据趋势图，如图 4-16 所示。

在趋势图的下方是对应时间段内菜单及子菜单的数据表格，如图 4-17 所示。

通过菜单数据分析，公众号运营人员可以了解用户对菜单功能的满意程度和活跃程度，菜单点击次数越多，说明服务的覆盖人群越多；人均点击次数越多，说明用户活跃度越高。

图 4-15 某微信公众号底部的菜单栏

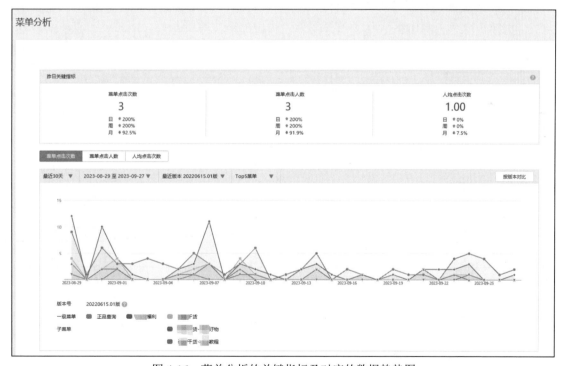

图 4-16 菜单分析的关键指标及对应的数据趋势图

图 4-17　菜单及子菜单的数据表格

子任务 4.1.4　消息数据分析

在微信公众号中，运营人员通过用户发送的消息可以了解用户的需求，从而找到更准确的运营方向。在微信公众号后台的"消息分析"板块中包括消息分析和消息关键词两部分内容。

在"消息分析"页面中可以按小时报、日报、周报、月报等维度，查看消息发送人数、消息发送次数、人均发送次数等关键指标的相关数据及趋势图，如图 4-18 所示。

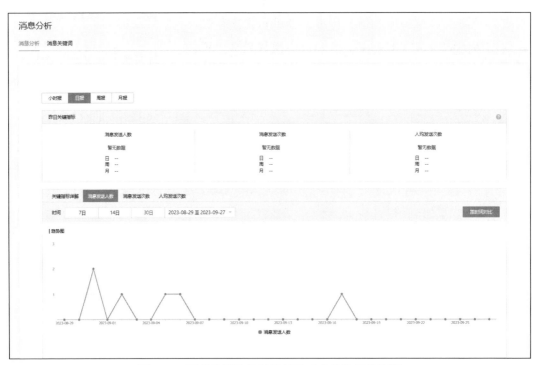

图 4-18　消息分析的关键指标及对应的数据趋势图

【提示】这里的消息是指微信公众号的用户主动向公众号发送的消息。

下拉"消息分析"页面，在关键指标趋势图下面还会展示"消息发送次数分布图"和"详细数据"等内容，如图 4-19 所示。其中，"消息发送次数分布图"反映的是某个时间段用户发送消息次数对应的人数和占比情况；"详细数据"则对具体日期的消息发送人数、消息发送次数、人均发送次数这 3 个关键指标的详细数据进行了展示。

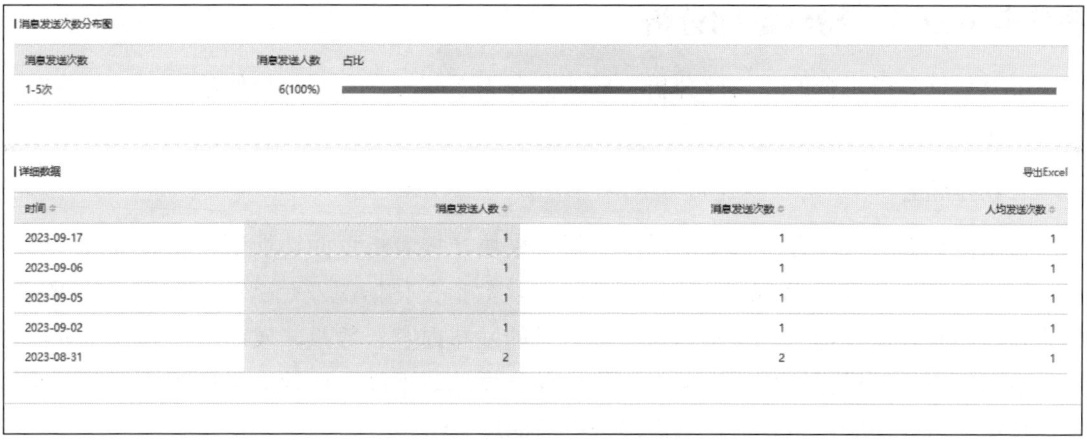
消息发送次数分布图

消息发送次数	消息发送人数	占比
1-5次	6(100%)	

详细数据　导出Excel

时间	消息发送人数	消息发送次数	人均发送次数
2023-09-17	1	1	1
2023-09-06	1	1	1
2023-09-05	1	1	1
2023-09-02	1	1	1
2023-08-31	2	2	1

图 4-19 “消息发送次数分布图”和“详细数据”

在“消息关键词”页面中可以看到不同消息关键词的出现次数与占比情况。消息关键词是指公众号运营人员设置好一定的关键词规则后，用户在公众号消息页面发送该关键词，公众号会自动回复设置好的内容。对消息关键词的分析，有助于运营人员了解用户对公众号内容的喜好，在后续的运营中，运营人员也可以围绕用户发送占比较高的关键词进行内容优化和创作。

任务 4.2　微　　博

新浪微博（简称微博）以其传播内容数据快、用户互动性强、内容多样化等特点，成为互联网时代用户获取信息的重要平台。因此，微博拥有非常庞大的用户群体，是新媒体运营者开展新媒体运营的重要平台之一。如果想做好微博运营，掌握一定的数据分析技能必不可少。下面将从粉丝数据、内容数据、互动数据、账号对比数据等方面入手，详细讲解微博数据分析的方法和技巧，以帮助新媒体运营者利用数据更好地提升微博运营效率。

要进行微博数据分析，首先需要进入微博的数据分析后台。以企业账号为例，在微博的“企业管理中心”页面单击“数据助手”按钮，即可进入微博数据分析后台对微博账号的相关数据进行分析，如图 4-20 所示。

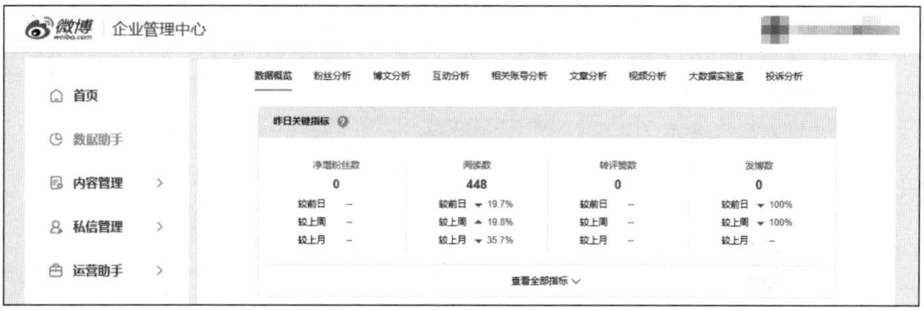

图 4-20　微博的数据分析后台

子任务 4.2.1　粉丝数据分析

微博数据分析后台的"粉丝分析"模块共分为 3 部分，分别是粉丝趋势、活跃分布和粉丝画像。

1. 粉丝趋势

在微博数据分析后台中选择"粉丝分析"模块，接着将页面切换到"粉丝趋势"页面中，可以看到近 7 天、近 30 天、近 90 天的粉丝数量变化情况及趋势图，如图 4-21 所示。如果粉丝增长较快，运营人员可以从微博账号的发布内容、数量、发布时间等方面进行总结，整理运营经验以保持增长态势；如果粉丝净增总数下降，运营人员也可以查看近期的微博数据，查找原因总结教训，从而规划以后的运营。

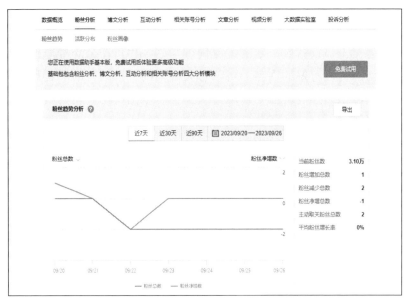

图 4-21　粉丝趋势分析

下拉页面，可以看到"近 7 日取关粉丝列表"，列表中包括取消关注用户的微博账号名称、取消关注时间、最近关注时长以及粉丝数等数据信息，如图 4-22 所示。运营人员可以根据粉丝取消关注的时间，研究当天内容是否引起粉丝的反感；或者去取消关注粉丝的微博主页查看该用户的兴趣所在，避免同类粉丝的流失。

图 4-22　近 7 日取关粉丝列表

2. 活跃分布

在"粉丝分析"模块的"活跃分布"页面中可以看到"近7日粉丝活跃分布"情况，包括按天分布的日活跃粉丝数分布情况柱形图和按小时分布的近7天平均每小时活跃粉丝数分布情况折线图，如图4-23所示。

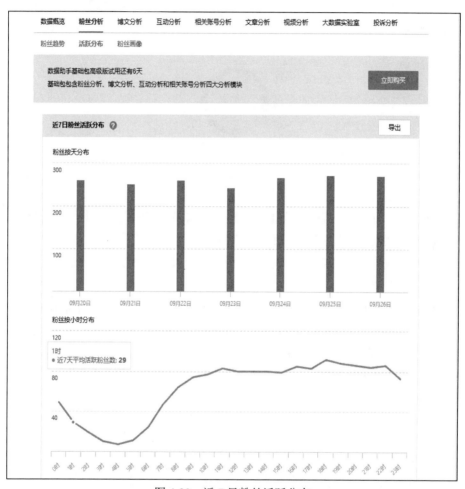

图4-23　近7日粉丝活跃分布

【提示】粉丝在某一天或某个时间段中登录过微博账号即被视为活跃粉丝。

3. 粉丝画像

在"粉丝分析"模块的"粉丝画像"页面中可以查看粉丝来源、粉丝性别年龄、粉丝地区分布、关注我的人的粉丝量级、粉丝兴趣标签、粉丝星座、粉丝类型等相关信息。

（1）粉丝来源。

"粉丝来源"页面可以查看粉丝来源的占比分布情况，微博粉丝的来源主要包括"微博推荐""第三方应用""微博搜索""找人"这4个渠道，如图4-24所示。

① 微博推荐，指通过别人推荐关注账号。

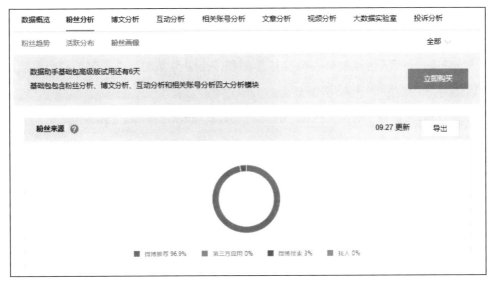

图 4-24 "粉丝来源"页面

② 第三方应用,指通过第三方应用关注账号,如通过简书、今日头条等渠道关注。

③ 微博搜索,指通过微博搜索页面关注账号。

④ 找人,是指通过微博客户端"发现"页中的"找人"频道关注账号。

(2)粉丝性别年龄。

"粉丝性别年龄"页面通过直方图的形式对粉丝的性别和年龄分布情况进行展示,如图 4-25 所示。运营人员可以根据粉丝的性别和年龄分布情况,来优化账号内容的选题和语言风格,从而获得更多粉丝的青睐。

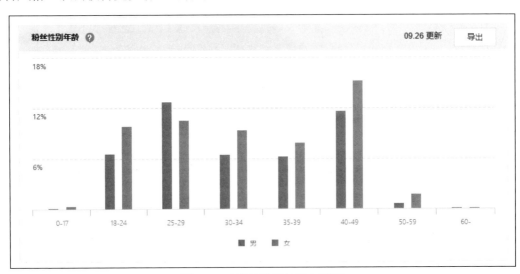

图 4-25 "粉丝性别年龄"页面

(3)粉丝地区分布。

"粉丝地区分布"页面展示的是各地区粉丝数量及占比情况,如图 4-26 所示。了解粉丝的地区分布情况,可以更好地帮助运营人员规划线下活动和运营内容。

排序	地区	粉丝数占比
1	江西	3.8%
2	浙江	3.7%
3	福建	3.7%
4	湖南	3.6%
5	广东	3.6%

图 4-26 "粉丝地区分布"页面

（4）关注我的人的粉丝量级。

"关注我的人的粉丝量级"页面展示的是账号粉丝的粉丝量级占比情况，如图 4-27 所示。如果粉丝量级高的人数占比越多，说明账号的影响力越大。

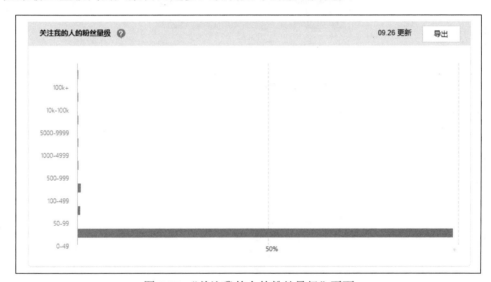

图 4-27 "关注我的人的粉丝量级"页面

（5）粉丝兴趣标签。

"粉丝兴趣标签"页面展示的是账号粉丝关注的兴趣标签及占比情况，如图 4-28 所示。通过分析粉丝的兴趣标签，可以更好地了解粉丝的兴趣需求，然后根据粉丝需求发布合适的内容，以提升粉丝对账号的黏性。

（6）粉丝星座。

"粉丝星座"页面展示的是账号粉丝的星座分布情况，如图 4-29 所示。如今人们对星座的关注度也越来越高，不同星座的人会有不同性格和喜好，运营人员可以根据粉丝的星座分布情况，开展有针对性的营销活动。

（7）粉丝类型。

"粉丝类型"页面展示的是粉丝中普通用户和认证用户的占比情况，如图 4-30 所示。往往微博认证用户比普通用户的活跃度更高，黏性也更强，因此，如果认证用户的比例越高，说明该账号的运营效果越好。

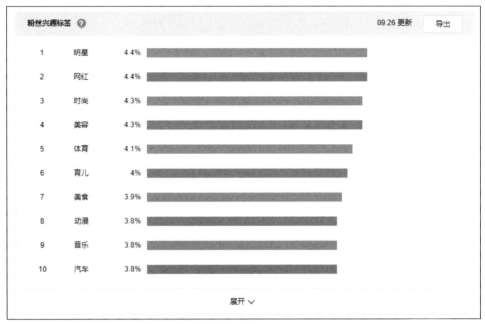

图 4-28 "粉丝兴趣标签"页面

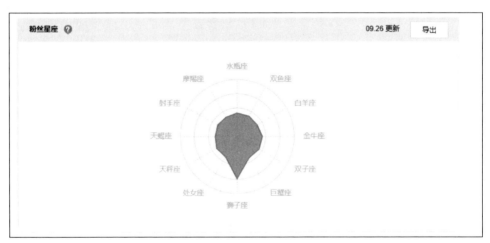

图 4-29 "粉丝星座"页面

图 4-30 "粉丝类型"页面

子任务 4.2.2 内容数据分析

在微博上常见的内容形式包括博文、文章和视频，这里主要以博文分析为例，介绍微博内容数据分析的方法和技巧（文章分析和视频分析与博文分析类似）。在微博数据分析后台中选择"博文分析"模块，该模块可以对账号所发布的博文进行数据分析。在"博文分析"模块中可以查看"微博阅读趋势""微博阅读人数""微博转发、评论和赞""点击趋势分析""单条微博分析"等数据信息。

1. 微博阅读趋势

"微博阅读趋势"页面可以查看账号"近7天""近30天""近90天"的微博阅读情况及趋势，如图4-31所示。要想提升账号发布的博文阅读数，最简单的方法就是增加发博数。

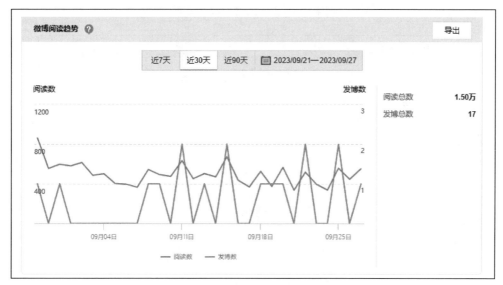

图4-31 "微博阅读趋势"页面

2. 微博阅读人数

"微博阅读人数"页面可以查看账号"近7天""近30天""近90天"的阅读人数情况，如图4-32所示。

3. 微博转发、评论和赞

"微博转发、评论和赞"页面可以查看账号"近7天""近30天""近90天"发布的微博被转发、评论和点赞的情况，如图4-33所示。

4. 点击趋势分析

"点击趋势分析"页面可以查看账号"近7天""近30天""近90天"的点击数情况，包括点击总数、阅读总数、图片点击总数、短链点击总数以及点击率等数据指标，如图4-34所示。

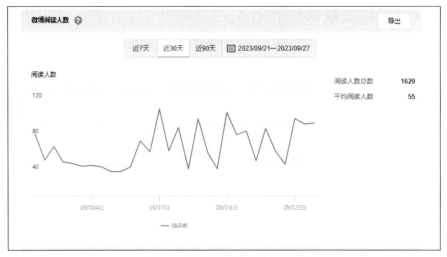

图 4-32 "微博阅读人数"页面

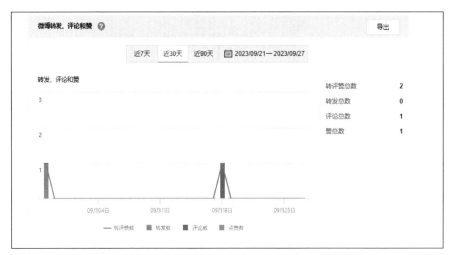

图 4-33 "微博转发、评论和赞"页面

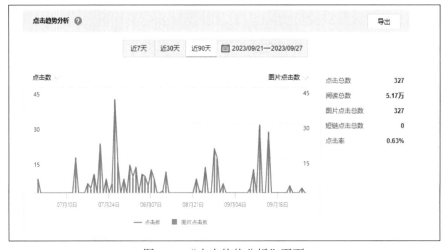

图 4-34 "点击趋势分析"页面

5. 单条微博分析

"单条微博分析"页面可以查看账号"近7天""近30天""近90天"发布的单条微博的发布时间、微博内容、阅读数、互动数等情况，如图4-35所示。单击单条微博右侧的"查看详细分析"按钮，可以进一步对"单条微博阅读趋势""单条微博的转发、评论和赞""单条微博点击趋势"等数据指标进行分析，此外还可以进行单条微博阅读来源分析和单条微博阅读粉丝分析。

图4-35 "单条微博分析"页面

子任务4.2.3 互动数据分析

微博的社交属性主要表现在用户可以通过转发、评论、点赞等方式与博主进行互动和交流。互动数的多少，从一定程度上代表着博主、账号以及微博内容的受欢迎程度。在微博数据分析后台中选择"互动分析"模块，即可对账号的互动情况进行数据分析。"互动分析"模块主要包括3部分内容，分别是"互动数分析""我的影响力"以及"我发出的评论"。除此之外，在"互动分析"模块中还可以查看"近7天账号互动top10"榜单，了解与自己账号互动最多的前10名用户。

1. 互动数分析

"互动数分析"页面可以查看账号"近7天""近30天""近90天"的微博互动数据及趋势,包括总互动数、微博被互动、评论被互动、故事被互动和粉丝群互动数,如图4-36所示。

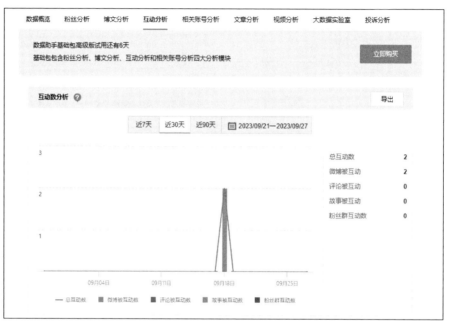

图4-36 "互动数分析"页面

2. 我的影响力

"我的影响力"页面展示的是账号的影响力及相关数据指标的变化情况,如图4-37所示。

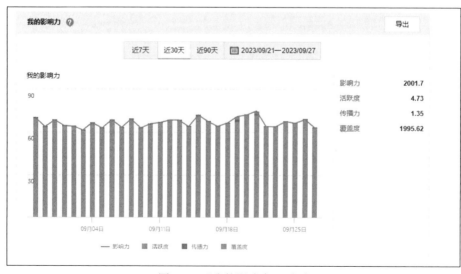

图4-37 "我的影响力"页面

在"我的影响力"页面中有4个关键指数,分别是影响力、活跃度、传播力和覆盖度。

(1)影响力:衡量账号在微博平台中的影响力大小,该指标是通过博主的发微博情况、微博内容被评论、被转发的情况以及活跃粉丝的数量来综合评定计算所得出的数值。

(2)活跃度:发布高质量的博文吸引粉丝、积极转发评论其他微博内容、私信好友聊天这些行为都能快速提高账号活跃度。

(3)传播力:每篇博文平均被转发、被评论的次数越多,其账号的传播力越强。

(4)覆盖度:当天登录的粉丝数越多,或与账号互动的粉丝数越多,其账号覆盖度就越广。

3. 我发出的评论

"我发出的评论"页面可以查看账号每天发出的评论数,如图4-38所示。账号每天发出的评论数量可以反映出博主对待用户的态度,博主多与其他账号进行互动可以起到很好的引流效果。

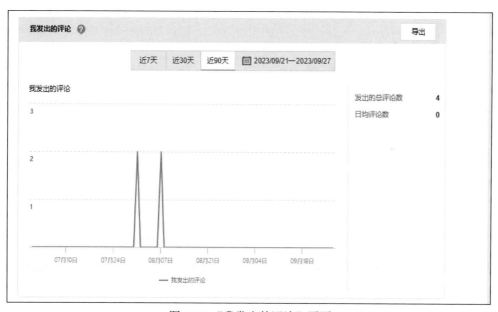

图4-38 "我发出的评论"页面

任务4.3 今日头条

今日头条是一个因精准算法而出名的新媒体平台,该平台拥有较为完整的内容生态,并且采用数据挖掘和人工智能技术为用户推荐有价值、个性化的信息,从而帮助企业、机构、媒体和自媒体在移动端获得更多曝光和关注，实现品牌传播和内容变现。

今日头条是基于算法的人工智能平台，它将用户的每一个动作进行数据记录和挖掘，从而对用户进行标签化处理，同时也对每一条内容和每一位内容创作者进行标签化，以实现用户和内容创作者的匹配。因此，在今日头条平台上很多运营情况都可以通过数据来解决，如推荐机制、用户数据、内容数据和创作热点数据等。

今日头条内置的数据分析功能模块，包括作品数据、粉丝数据和收益数据等。

子任务 4.3.1　作品数据分析

在今日头条的作品数据分析模块中，数据分析人员不仅可以对头条号（今日头条账号的简称）的文章、视频、微头条、问答、小视频等作品的整体数据进行查看和分析，同时还可以针对单篇作品数据进行查看和分析。

登录今日头条账号（以下简称头条号）以后，进入"创作平台"页面，依次单击页面左侧菜单栏中的"数据"→"作品数据"选项，即可进入作品数据分析模块对头条号的作品数据进行分析，如图4-39所示。

图 4-39　作品数据分析模块

1. 整体作品数据分析

在"作品数据"页面的整体数据分析中，可以查看头条号全部作品的核心数据和流量分析情况。

（1）核心数据。

头条号作品的核心数据包括前日展现量、前日阅读（播放）量、粉丝展现量、前日点赞量、前日评论量和粉丝阅读（播放）量，如图4-40所示。

【提示】在头条号的作品数据分析模块中，每日14:00前更新前一日数据。

（2）流量分析。

头条号作品的流量分析包括4部分内容，分别是数据趋势、性别分布、地域分布和机型价格分布。其中,"数据趋势"板块可以查看作品核心数据 7 天或 30 天的数据趋势图,如图 4-41 所示。

图 4-40　头条号全部作品的核心数据

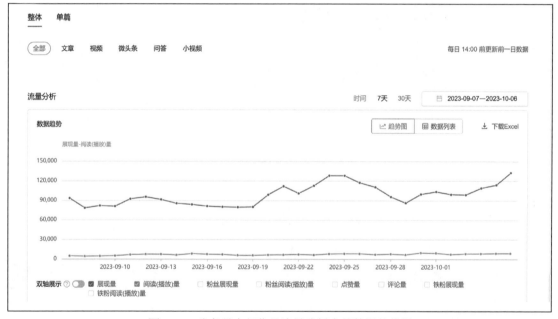

图 4-41　头条号全部作品流量分析中的数据趋势图

在"数据趋势"板块除了可以查看核心数据的趋势图以外,还可以查看核心数据的数据列表,如图 4-42 所示。通过数据列表可以查看 7 天或 30 天内每一天的展现量、阅读(播放)量、粉丝展现量、粉丝阅读(播放)量、点赞量、评论量等数据。

在文章、视频、微头条、问答、小视频等单类别的作品流量分析中,除了上述分析板块外,还增加了"流量来源分析"板块和"各来源流量趋势"板块,展示作品流量的来源情况。文章作品类别中的"流量来源分析"板块和"各来源流量趋势"板块,如图 4-43 所示。

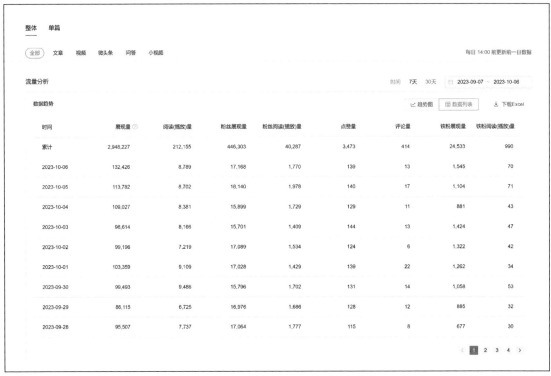

图 4-42　头条号全部作品流量分析中的数据列表

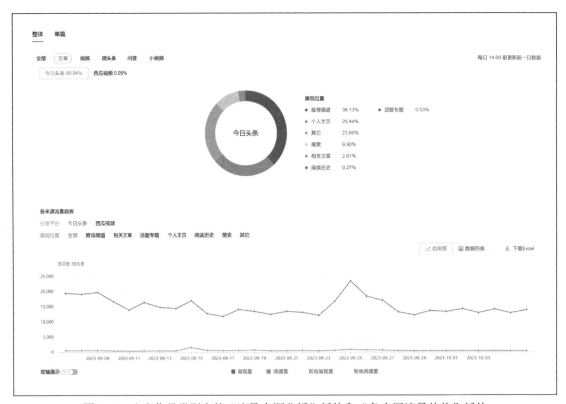

图 4-43　文章作品类别中的"流量来源分析"板块和"各来源流量趋势"板块

2. 单篇作品数据分析

将"作品数据"的界面切换到"单篇"作品数据分析页面，可对文章、视频、微头条、问答、小视频等作品类别的单篇作品进行单独分析。以"文章"这一类作品数据为例，在单篇作品分析页面中可以查看该头条号每一篇文章作品的展现量、阅读量、点击率、阅读时长、点赞量和评论量等数据，如图4-44所示。除此之外，还会列出作品信息（包括文章的封面图、标题和发布时间）以及"操作"选项。

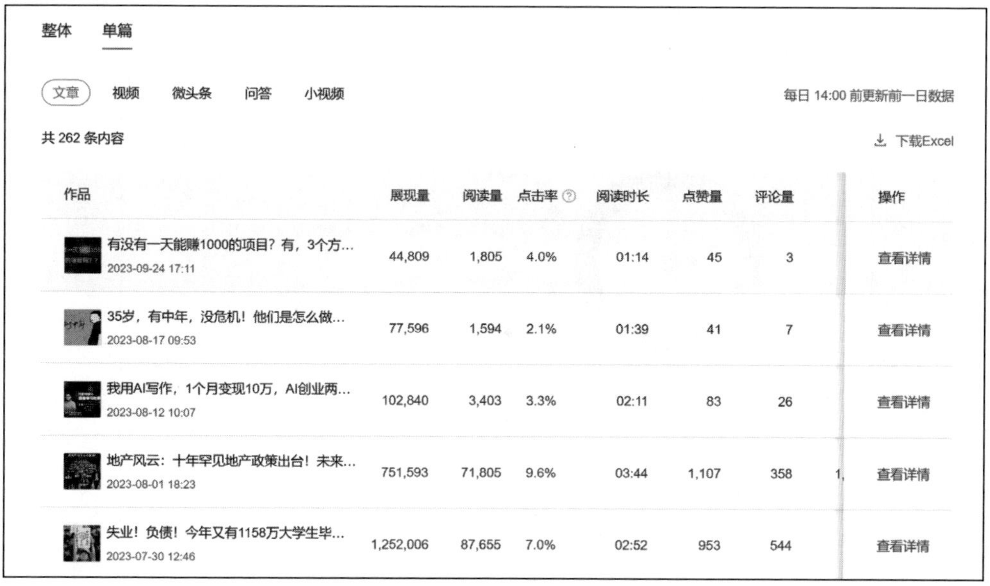

图4-44　单篇作品数据分析页面

单击某一单篇文章作品右侧"操作"选项下的"查看详情"按钮，可查看该篇文章作品的数据详情，包括作品的流量数据、收益数据、粉丝数据和互动数据，如图4-45所示。

图4-45　单篇文章作品的数据详情页面

在单篇文章作品的数据详情页面还可以对单篇文章作品进行消费分析、收益分析和用户画像分析。其中，"消费分析"包括流量趋势、流量来源分析、各来源流量趋势和阅读完成率明细4个板块的内容，如图4-46所示。

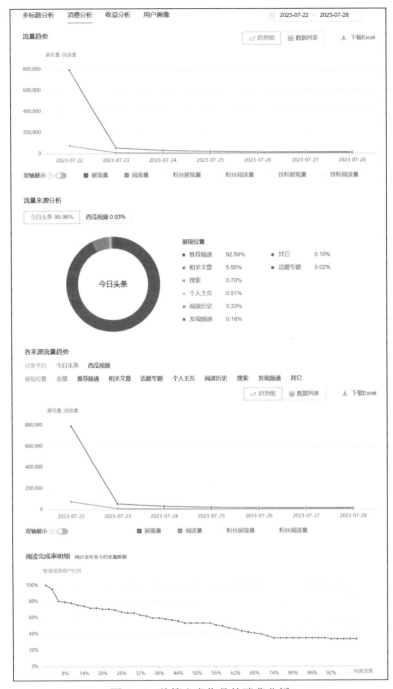

图 4-46 单篇文章作品的消费分析

子任务 4.3.2 粉丝数据分析

在今日头条平台上很多功能的开通,都会将头条号的粉丝量作为一个重要的条件。因此,新媒体运营人员需要准确掌握头条号的粉丝情况,为吸引更多的粉丝做准备。今日头条的粉丝数据分析模块主要分为两部分:一个是粉丝概况;另一个是粉丝列表。

1. 粉丝概况

粉丝概况包括3个板块的内容：核心数据、数据趋势和粉丝特征。通过这3个板块展示的粉丝数据信息，新媒体运营人员可以掌握粉丝的基本情况，并判断账号内容对粉丝的吸引力，从而对账号进行相应的优化调整。

（1）核心数据。

头条号的粉丝核心数据包括前日粉丝变化数（涨粉数和掉粉数）、前日活跃粉丝数、前日活跃粉丝占比和前日粉丝总数，如图4-47所示。

图4-47　头条号的粉丝核心数据

（2）数据趋势。

"数据趋势"板块可以查看头条号7天或30天内的粉丝数据趋势图和数据列表。例如，在粉丝数据趋势图中可以看到总粉丝数、粉丝变化数、涨粉数、掉粉数、活跃粉丝数等粉丝数据的变化趋势，如图4-48所示。

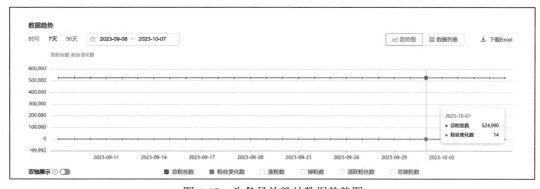

图4-48　头条号的粉丝数据趋势图

（3）粉丝特征。

"粉丝特征"板块中展示了粉丝的性别分布、年龄分布、地域分布以及手机机型价格分布，通过这些粉丝特征数据的展示，能够帮助运营人员构建头条号的粉丝画像，从而开展有针对性的内容创作和营销活动。

2. 粉丝列表

在运营头条号的过程中，运营人员可能会对关注自己头条号的粉丝产生好奇，想要了解这些粉丝的具体情况，或者直接与这些粉丝进行沟通交流，而"粉丝列表"就正好为运营人员提供了这个与粉丝进行沟通交流的渠道。

在"粉丝列表"页面，运营人员可以查看所有关注了自己头条号的粉丝信息，包括粉丝的头像和昵称，如图4-49所示。单击"关注"按钮可以与粉丝进行互相关注，更加详细地了解该粉丝的情况；单击"私信"按钮可以向对方发送私信，从而加强双方的沟通和交流。

图4-49　头条号的"粉丝列表"页面

子任务 4.3.3　收益数据分析

今日头条作为一个内容创作和分发平台，能够凭借其独特的推荐算法机制，帮助平台上的内容创作者们轻松实现内容变现，赚取丰厚的收益。在今日头条的收益数据分析模块中，可以分别对头条号的整体收益、创作收益、赞赏收益、商品佣金和自营广告进行分析。这里重点介绍头条号的整体收益和创作收益。

1. 整体收益

在"整体收益"页面中首先可以看到昨日收益、本月收益和可提现金额这3个基本收益数据，如图4-50所示。其次，还可以查看近30日收益、累计收益以及可提现金额结算详情。

◆ 项目 4　自媒体平台数据分析

图 4-50　头条号的"整体收益"页面

点击"整体收益"页面中的"前往提现"按钮，可进入"提现"页面查看提现数据概览和提现明细；继续单击"提现"页面中的"申请提现"按钮，可进行提现操作，如图 4-51 所示。

图 4-51　"提现"页面

【提示】提现有一定的时间限制：每月的 2—4 日可以申请提现。

在"整体收益"页面中还可以对收益趋势进行分析，查看"7 天""14 天""30 天"的收益趋势图或收益数据列表，如图 4-52 和图 4-53 所示。收益趋势分析会展示总收益数据、创作收益数据和其他收益数据。

图 4-52　收益趋势图

111

图4-53 收益数据列表

2. 创作收益

头条号的创作收益分为图文创作收益和视频创作收益,由基础创作收益和首发补贴收益两部分共同组成。其中,基础创作收益是指创作文章、视频、微头条、问答获得的收益总和;首发补贴收益是指通过平台激励活动获得的收益总和。

> 【提示】今日头条平台的基础创作收益计算公式为:基础创作收益 = 千次阅读(播放)单价 × 获利阅读(播放)量 ÷ 1000。

以图文创作收益为例,在"图文创作收益"页面中首先可以看到昨日创作收益和累计创作收益这两个收益数据,如图4-54所示。

图4-54 创作收益数据概览

下拉页面,在"收益趋势"板块中可以看到创作收益、基础创作收益和首发补贴收益等相关收益数据的趋势图,如图4-55所示。

继续下拉页面,在"单篇创作收益"板块中可以查看单篇作品或单个视频的收益情况,包括创作收益、基础收益、补贴收益和获利阅读(播放)量等数据,如图4-56所示。

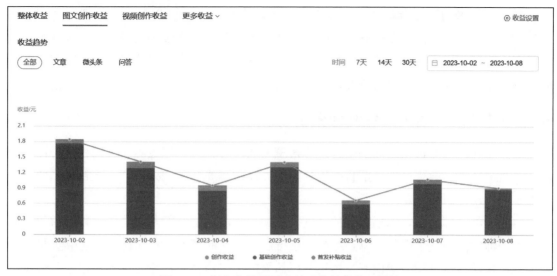

图 4-55 创作收益页面中的"收益趋势"板块

图 4-56 创作收益页面中的"单篇创作收益"板块

任务 4.4 小 红 书

小红书是一个以社交分享为核心的时尚生活平台，用户可以在上面分享自己的购物心得、旅游攻略、美食评价等各种生活消费类信息。小红书通过算法和人工智能技术，根据用户的兴趣和行为习惯，为用户推荐个性化的内容，提高用户的消费决策效率和体验。

小红书的数据分析功能模块，包括用户画像、内容数据和互动数据。用户画像包括用户的性别、年龄、地域、职业等基础信息，以及用户的兴趣爱好、消费能力等个性化信息。内容数据包括笔记数量、点赞、评论等互动数据，以及发布时间、阅读时间等用户行为数据。互动数据可以反映用户对内容的兴趣和需求，从而为内容创作提供参考。

113

通过小红书的数据分析功能，可以深入了解用户的需求和兴趣，为品牌营销和推广提供精准的目标用户群体，提高营销效率和转化率。此外，小红书还提供了各种数据分析工具，帮助创作者更好地了解自己的账号经营情况和市场需求，优化自己的内容和运营策略，提高自身的竞争力和盈利能力。

子任务 4.4.1　达人粉丝画像分析

达人粉丝画像分析是小红书平台中非常重要的一环，可以通过对达人的粉丝群体进行深入分析，帮助品牌更好地了解目标用户，提高品牌曝光和营销效果。达人粉丝画像分析主要从以下几方面展开。

（1）粉丝基础信息。包括粉丝的性别、年龄、地域、职业等基础信息，以及粉丝的兴趣爱好、消费能力等个性化信息。这些信息可以从达人的个人资料和粉丝互动中获取。

（2）粉丝活跃度和兴趣偏好。通过分析达人的笔记点赞、评论等互动数据，了解粉丝的活跃度和对哪些内容有兴趣和偏好。这对于品牌投放的精准度和效果非常重要。

（3）粉丝购买力。通过分析达人的带货数据和销售情况，可以了解粉丝的购买力水平和购买偏好，帮助品牌更好地了解目标用户的消费能力和需求，优化产品和服务。

（4）粉丝关注焦点。通过分析达人的笔记内容和互动数据，可以了解粉丝最关注的产品领域和品牌，为品牌投放广告提供更多参考。

在进行达人粉丝画像分析时，可以采用数据分析和可视化图表相结合的方式，更直观地展示粉丝群体的特点和趋势，帮助品牌更好地了解目标用户，提高营销效果。同时，要注意结合达人的个人情况和品牌需求，综合考虑各方面因素，确保分析结果的科学性和可靠性。

子任务 4.4.2　关键词数据分析

在小红书平台上，利用数据分析和挖掘技术，针对用户搜索和购买产品时使用的关键词进行深入研究，以制定更好的营销策略和投放计划。

1. 关键词数据分析的主要内容

小红书关键词数据分析可以帮助品牌商更好地了解用户需求和消费偏好，发现市场机会和竞争对手，优化广告投放策略，提高搜索排名和站内流量等。这些数据支持可以帮助品牌商更好地制定营销策略和投放计划，提高品牌竞争力和市场占有率。

小红书关键词数据分析主要包括以下几方面的内容。

（1）关键词的搜索热度分析：通过分析关键词的搜索频率、搜索量、搜索趋势等数据，可以了解用户对于该关键词的需求程度和关注度，从而更好地制定营销策略和投放计划。

（2）关键词与品牌的相关性分析：通过分析关键词与品牌的相关性，可以了解用户对于该关键词与品牌的认知度和关联度，从而更好地制定品牌营销策略和投放计划。

（3）关键词的竞争情况分析：通过分析竞争对手使用的关键词和投放情况，可以了解竞争对手的营销策略和投放计划，从而更好地制定自己的营销策略和投放计划。

（4）关键词的转化率分析：通过分析关键词的转化率，可以了解该关键词对于销售和转化的贡献程度，从而更好地制定广告投放策略和优化广告效果。

2. 关键词数据分析的方式

通过对小红书的关键词进行数据分析，可以了解用户需求和消费偏好，从而更好地制定营销策略和投放计划。在小红书上进行关键词数据分析，主要有以下三种方式。

（1）利用平台工具进行关键词分析。在小红书品牌分析——笔记分析板块中，针对品牌相关笔记内容标签进行归类聚合，并对这些关键词进行 AI 智能分类，如品类词、功效词等。用户可以通过该功能了解品牌的笔记关键词布局，为品牌的营销决策作参考。

（2）利用第三方工具进行关键词分析。可以通过使用如千瓜数据这一类第三方工具进行关键词数据分析。在千瓜数据中，可以查看品牌相关笔记内容标签的 AI 智能分类，包括品类词、功效词等。同时，通过千瓜数据还可以筛选出互动总量较大、热度值较高的关键词，从而判断哪些词汇是用户关注的重点，哪些词汇具有较高的流量价值。

（3）利用手工查询进行关键词分析。在小红书上搜索相关关键词，查看搜索结果，包括相关笔记的数量、点赞数、评论数等数据，然后对这些数据进行归纳整理，以便更好地制定关键词优化策略。例如，在小红书上搜索关键词"新媒体运营"，可以看到有 54 万多篇相关笔记，如图 4-57 所示。

图 4-57 小红书的搜索页面

3. 关键词数据分析的思路

在小红书上进行关键词数据分析，主要是从品牌和产品特性出发，利用 AI 智能分类技术，确定好品牌宣推的关键词。

（1）从品牌及产品特性出发，找出基础关键词。这些关键词一般是产品卖点和优势的体现。

（2）参考小红书内的竞品关键词，对基础关键词进行扩充。例如，基础关键词是"防晒"，在参考竞品关键词后，发现竞品关键词中大多都包含"婴幼儿防晒"一词，那么就可以在"防晒"关键词之后，增加"无添加""完全""母婴可用"等关键词。

（3）利用小红书搜索流量对关键词进行分析。通过输入关键词，会自动展示相关下拉词。下拉词是根据平台算法将一段时间内的站内搜索热点进行的排名推荐，关键词选择越靠近头部下拉词,被用户点击到的概率越高。

总之,小红书的关键词数据分析可以帮助品牌更好地了解用户需求和消费偏好,从而更好地制定营销策略和投放计划。

子任务 4.4.3 投后数据分析

小红书投后数据分析是指针对小红书平台上的广告投放效果进行评估和解析,以了解广告投放的实际效果,为后续投放提供指导和建议。投后数据分析共分为 5 步进行,如图 4-58 所示。

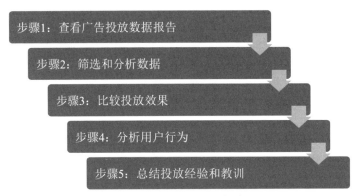

图 4-58 投后数据分析的步骤

(1)查看广告投放数据报告。在小红书广告投放平台,可以查看广告投放后的数据报告,包括投放时间、投放量、点击率、曝光量、转化率等指标,以便对投放效果进行全面了解。

(2)筛选和分析数据。可以对投放数据报告进行筛选和分析。例如,按投放时间、投放量、点击率等指标进行分类和排序,以便找出最佳的投放时间和投放量。

(3)比较投放效果。通过对不同广告投放计划的数据进行比较,可以了解不同计划的效果差异,从而更好地进行广告优化和调整。

(4)分析用户行为。通过分析用户在小红书平台上的行为数据,可以了解用户的需求和偏好,以便更好地调整广告投放策略,提高广告效果。

(5)总结投放经验和教训。通过对投放效果的分析和总结,可以发现投放过程中的不足和问题,及时调整和优化广告投放策略,提高下一次投放的效果。

小红书投后数据分析可以帮助广告主更好地了解广告投放的效果和转化率,从而更好地制定和优化广告投放策略,提高广告投放的效率和转化率。同时也可以从用户需求和偏好的角度出发,调整广告策略,提高广告效果和用户满意度。

课堂实训 1 搭建今日头条的文章阅读量数据指标体系

在进行新媒体数据分析时,数据分析人员不需要掌握复杂的算法,但需要了解新媒体运营的相关业务流程,具备用数据解决问题的思维。用数据分析解决业务问题通常需要先搭建数据指标体系，然后对相关运营数据进行监控，发现数据异常后，针对具体问题进行分析，最终解决问题。

搭建新媒体数据指标体系的第一步是梳理新媒体运营的相关业务流程。数据分析人员首先需要明确当前新媒体运营工作中的核心指标是什么。例如，微信公众号的运营工作中，核心指标有平均阅读量、粉丝量等数据指标。在明确了核心指标后，就可以进一步拆解影响核心指标的关键指标有哪些，并把它们之间的关系呈现出来。

下面以今日头条的文章阅读量数据指标为例，梳理该数据的指标体系，如图4-59所示。

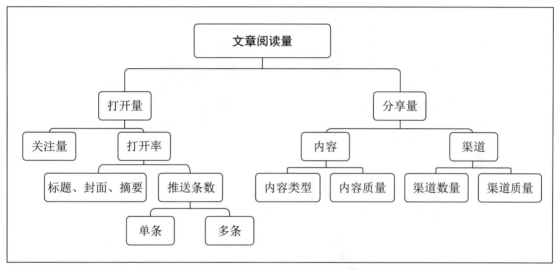

图4-59　今日头条的文章阅读量数据指标体系

搭建好新媒体数据指标体系后，就可以对关键指标设定监控机制，如某今日头条账号的平均阅读量是10 000次，如果当日文章的阅读量低于6000，则作为数据异常情况处理，对具体问题进行具体分析。

课堂实训2　在小红书中查看数据分析内容

观看视频

小红书数据分析可以帮助用户更好地了解自己的需求和喜好，发现新趋势和热门内容，评估自己的账号价值，以及优化账号运营策略。同时，也可以帮助企业或品牌商更好地了解用户需求和行为，制定更为精准的营销策略和投放方案，以提升营销效果。

在小红书中，用户可以通过"专业号中心"页面查看其账号的相关运营数据及数据分析内容。小红书专业号服务于平台中具有商业意图的个人、个体工商户及企业，为普通账号提供专业身份，使其拥有更多特权和功能，从而提升账号的运营能力。如果想成为小红书专业号，可以按照下面的步骤进行申请。

（1）打开小红书App，在首页中点击页面右下方的"我"选项，如图4-60所示。

（2）进入小红书个人主页，点击页面左上角图标，如图4-61所示。

图 4-60　小红书首页

图 4-61　小红书个人主页

（3）在弹出的菜单栏中点击"创作中心"选项，如图 4-62 所示。

（4）进入"创作中心"页面，点击"更多服务"选项，如图 4-63 所示。

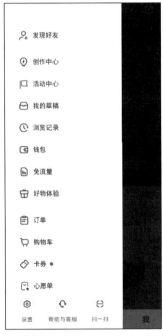

图 4-62　点击"创作中心"选项

图 4-63　点击"更多服务"选项

（5）进入"更多服务"选项页面，点击"作者能力"一栏中的"开通专业号"选项，如图 4-64 所示。

（6）进入小红书专业号介绍页面，点击"成为专业号"按钮，如图4-65所示。

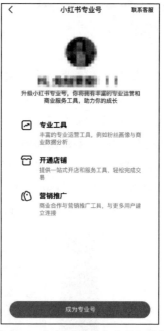

图4-64　点击"开通专业号"选项　　　图4-65　点击"成为专业号"按钮

（7）进入"专业号申请"页面，这里以个人身份申请专业号，勾选"我是「个人」"单选按钮，然后点击"立即申请"按钮，如图4-66所示。

（8）跳转到"选择与你最相符的身份"页面，选择一个与自身最相符的行业和身份，然后点击"完成"按钮即可成功申请小红书专业号，如图4-67所示。

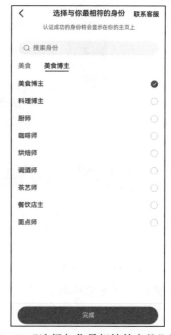

图4-66　"专业号申请"页面　　　图4-67　"选择与你最相符的身份"页面

小红书专业号具有更高效的数据分析功能，可以查看基础数据、曝光分析、话题分析、用户画像、舆情分析和营销效果分析等数据内容。申请好小红书专业号以后，就可以利用专业号的数据分析功能查看账号的相关运营数据及数据分析内容了，具体的操作步骤如下。

① 进入小红书个人主页，点击页面左上角 ☰ 图标，在弹出的菜单栏中点击"专业号中心"选项，如图 4-68 所示。

② 进入"专业号中心"页面，在该页面中可以查看账号近七日的基础数据表现，包括商笔阅读次数、主页访客数和新增粉丝量，如图 4-69 所示。如果要查看更详细的数据，可点击"更多数据"选项，进入"数据中心"页面进行查看。

③ 在"数据中心"页面中，有笔记数据、粉丝数据和个人主页三大板块，可以查看更详细的数据分析内容，如图 4-70 所示。

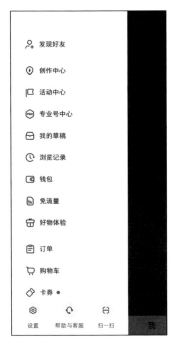

图 4-68　点击"专业号中心"选项　　图 4-69　"专业号中心"页面　　图 4-70　"数据中心"页面

课后作业

1. 通过微信公众号后台查看账号的最近 7 天的新关注人数、取消关注人数、净增关注人数和累计关注人数，并将其整理到 Excel 表格中。

2. 在小红书上利用手工查询的方式分析关键词"自媒体创业"，将该关键词的相关笔记数量、点赞数、评论数等数据进行归纳整理，并制定关键词优化方案。

项目 5　短视频平台数据分析

近几年,随着短视频的快速崛起,抖音、快手等现象级的短视频平台凭借全新的信息传播模式吸引了大量的流量,一大批优秀的企业、机构、媒体和创作者纷纷加入短视频的阵营。

本项目以抖音和快手两大短视频平台为例,结合短视频平台的数据特征,利用第三方数据分析工具和平台自带的数据分析功能,详细讲解短视频平台数据分析的实战技巧。

观看视频

任务 5.1 抖 音

在运营抖音账号（以下简称抖音号）的过程中，运营者想要准确判断和了解账号运营的效果，就需要通过数据分析结果驱动用户增长，从而促进收益的增长。以抖音的达人账号为例，利用第三方数据分析工具"飞瓜数据"，讲解抖音号数据分析的方法和技巧。

要进行抖音号数据分析，首先登录"飞瓜数据抖音版"，然后查询抖音号并对其进行相关的数据分析。在飞瓜数据中查看抖音号数据概览的具体操作步骤如下。

（1）在"飞瓜数据抖音版"工作台页面中，单击"达人"→"达人库"按钮，在搜索栏中输入搜索关键词或直接输入抖音号，单击"搜索"按钮，如图5-1所示。

图5-1 搜索抖音号

（2）在搜索结果页面，选择需要查看数据的抖音号，单击该抖音号后面的"达人详情"按钮，查看该抖音号的详细数据，如图5-2所示。

图5-2 单击"达人详情"按钮

（3）进入"达人详情"页面后，首先可以看到该抖音号的基本信息和基础数据，如粉丝数、飞瓜指数、历史总视频、历史总点赞、购物粉丝团、带货口碑、商品橱窗、星图指数等，如图5-3所示。

◆ 项目 5　短视频平台数据分析

图 5-3　抖音号的基本信息和基础数据

在"达人详情"页面，还可以运用数据概览、带货数据、视频数据、直播数据、种草数据、团购数据和受众画像等具体的数据分析模块。

子任务 5.1.1　基础数据分析

在"数据概览"模块，可以查看抖音号的一些基础数据，对抖音号的运营情况进行全面评估。抖音号的基础数据分析共有 7 个板块，分别是数据概览、粉丝趋势、涨粉里程碑、视频趋势、带货趋势、账号动态和相似达人。

1. 数据概览

在"数据概览"板块中，展示抖音号具体的直播数据、视频数据和种草数据等基础数据信息，如图 5-4 所示。通过这些数据，运营人员能够大致了解该抖音号的运营情况。

图 5-4　抖音号基础数据分析中的"数据概览"板块

2. 粉丝趋势

在"粉丝趋势"板块中，展示抖音号粉丝数的增量或总量的变化趋势，如图 5-5 所示。通常来说，当粉丝增量为正数时，抖音号的粉丝总量会随之增加。如果将鼠标停留在趋势图的某个位置，还能查看某一天的具体粉丝数。

3. 涨粉里程碑

"涨粉里程碑"板块表示抖音号的粉丝数量达到一个之前未曾达到的数量，是系统自

123

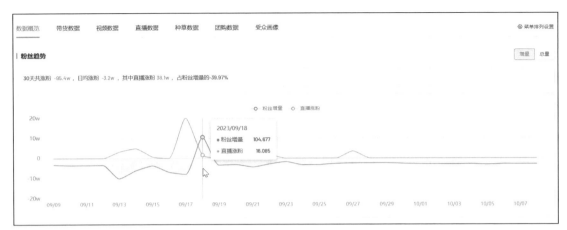

图 5-5 抖音号基础数据分析中的"粉丝趋势"板块

动记录的、对于抖音号在某个阶段内粉丝增长速度的反映,如图 5-6 所示。"涨粉里程碑"是对抖音号运营成果的一种体现,可以帮助运营者了解抖音号的涨粉趋势和特点,从而使运营者针对性地进行内容创作和运营策略的调整。同时,这也是系统对抖音号的一种认可,表明抖音号在某个阶段内的运营成果得到了系统的认可和用户的欢迎。

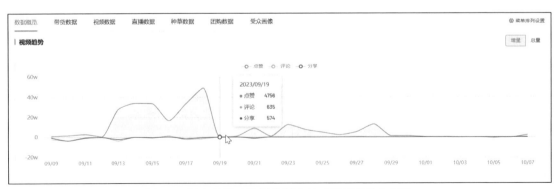

图 5-6 抖音号基础数据分析中的"涨粉里程碑"板块

4. 视频趋势

"视频趋势"板块展示抖音号视频作品点赞数、评论数和分享数的增量或总量的变化趋势,如图 5-7 所示。通常来说,当某一数据指标的增量为正数时,抖音号相应数据指标的总量也会随之增加。同时,如果将鼠标停留在趋势图的某个位置,能够查看某一天的具体数据指标。

图 5-7 抖音号基础数据分析中的"视频趋势"板块

5. 带货趋势

"带货趋势"板块展示抖音号近期直播带货或视频带货的销售额、销量的变化趋势，如图 5-8 所示。通过"带货趋势"分析，抖音号的运营者可以更好地了解用户的购买需求和行为，从而针对性地进行直播带货或视频带货的策略制定和调整，以提升抖音号的带货效果和收益。同时，如果将鼠标停留在趋势图的某个位置，能够查看某一天的具体带货数据。

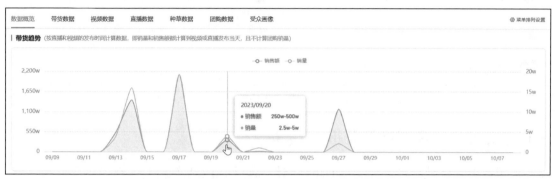

图 5-8 抖音号基础数据分析中的"带货趋势"板块

6. 账号动态

"账号动态"板块展示抖音号近 30 天直播相关数据或视频相关数据的变化情况。例如，"直播动态"数据包括近 30 天每场直播的销售额、销量和观看人次、近 30 天销售额最高直播、近 30 天销量最高直播和近 30 天观看人次最高直播，如图 5-9 所示。

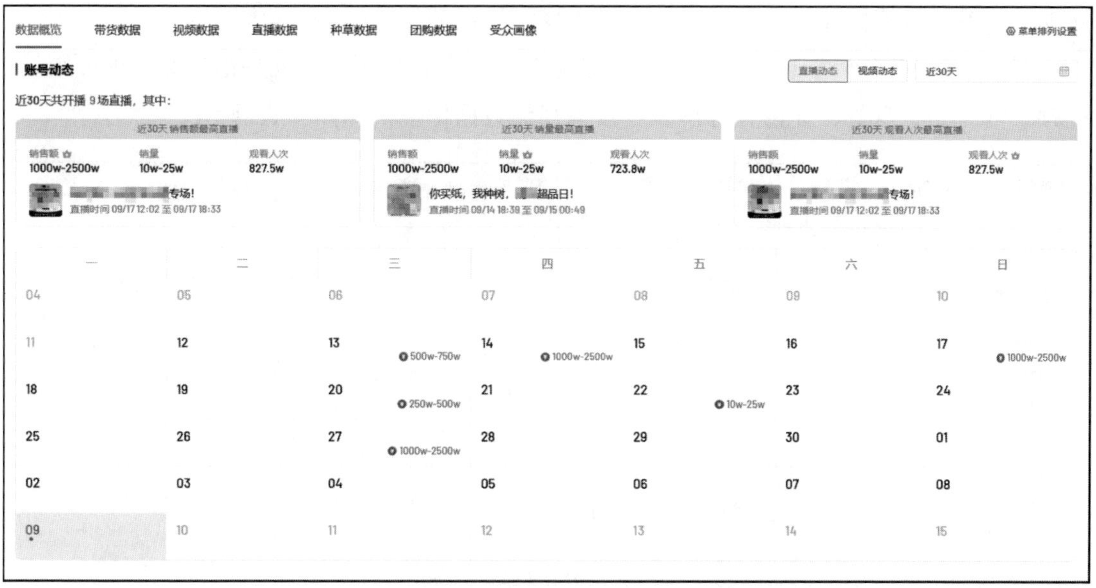

图 5-9 抖音号基础数据分析中的"账号动态"板块

7. 相似达人

"相似达人"板块展示与抖音号互动粉丝重合的抖音号或相似抖音号，如图 5-10 所示。通过分析相似的达人抖音号，抖音号的运营者可以更好地了解该抖音号与相似达人抖音号的优劣势和行业内的竞争情况，从而针对性地进行内容创作和运营策略的调整。

图 5-10　抖音号基础数据分析中的"相似达人"板块

子任务 5.1.2　视频数据分析

视频数据分析是对抖音号发布的短视频作品进行相关数据分析，在"飞瓜数据"中，抖音号的视频数据分析包括"视频分析"和"视频列表"两个板块的内容。

1. 视频分析

将数据分析页面切换到"视频数据"模块，选择"视频分析"选项。"视频分析"板块展示视频数据的"数据概览""视频趋势""视频提及话题""视频评论热词"等内容。"视频分析"板块展示了很多重要数据的统计数据，通过对数据进行分析，运营者可以直观地了解抖音号的整体运营情况，从而进一步优化视频作品的运营策略。

例如，"视频分析"板块中的"数据概览"可以查看视频数、视频销售额、视频销量、视频带货商品、点赞、评论、分享和收藏等视频数据指标，如图 5-11 所示。

图 5-11　"视频分析"板块中的"数据概览"

2. 视频列表

在"视频数据"模块下选择"视频列表"选项，可以查看已发布视频的视频销售额、视频销量、点赞、评论和分享等数据指标，如图5-12所示。

图5-12 视频数据分析中的"视频列表"板块

【提示】如果要对单个视频作品进行数据分析，可以在视频列表中点击该视频作品，进入该视频作品详情页面，即可查看该视频作品的数据概览和观众画像。

子任务5.1.3 直播数据分析

直播数据分析是对抖音号直播过程中产生的相关数据进行分析，在"飞瓜数据"中抖音号的直播数据分析包括"直播分析"和"直播列表"两个板块的内容。

1. 直播分析

直播数据分析中的"直播分析"板块将分别展示"数据概览""带货直播数据""直播趋势""直播流量结构""直播流量结构趋势""直播人气趋势""直播穿透转化趋势""直播消费价值趋势""直播效能趋势""开播时间分布""直播时长分布"等内容。例如，"直播分析"板块中的"数据概览"展示直播数、点赞、弹幕数、直播涨粉、观看人次、场均在线人数等数据指标，如图5-13所示。

图5-13 "直播分析"板块中的"数据概览"

2. 直播列表

在"视频数据"模块下选择"直播列表"选项，可以查看每场直播的开播时间、直播销售额、直播销量、直播商品、人气峰值、观看人次、点赞等数据指标，如图5-14所示。

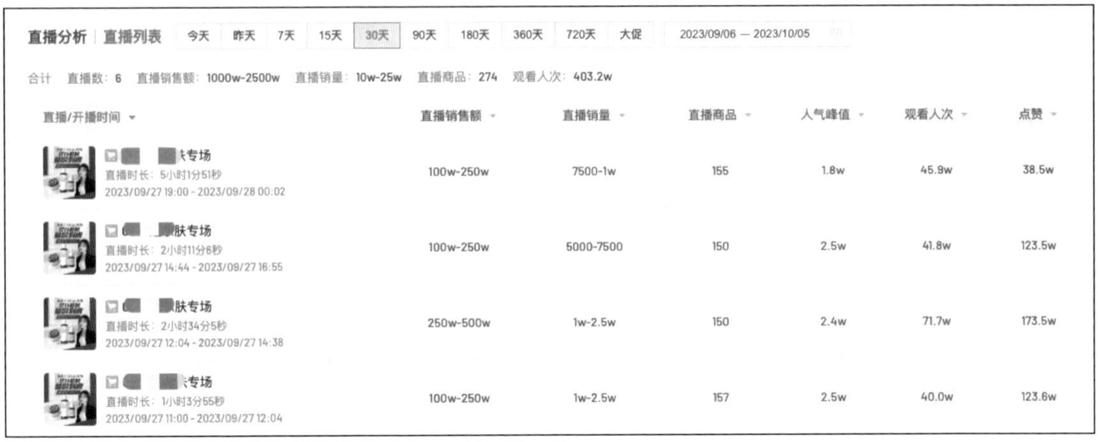

图5-14 直播数据分析中的"直播列表"板块

【提示】如果要对单场直播进行数据分析，可以在直播列表中点击该场直播，进入该场直播详情页面，即可查看该场直播的数据概览、带货商品、受众画像、流量来源和观众互动等数据指标。

子任务5.1.4 带货数据分析

带货数据分析是指对抖音号带货效果进行的一系列评估和数据分析。通过带货数据分析，运营者可以了解抖音号的带货偏好和带货能力，以及商品的受欢迎程度和销售效果。在"飞瓜数据"中进行带货数据分析，将数据分析页面由"常规主页"切换为"带货主页"，如图5-15所示。

图5-15 将数据分析页面由"常规主页"切换为"带货主页"

抖音号的带货数据分析包括"带货概览""带货商品""带货视频""带货直播""带货小店""带货品牌""受众画像"等模块。通过抖音号的带货数据分析，运营人员可以了解该抖音号的带货情况。下面主要介绍"带货概览"和"带货商品"2个模块的内容。

1. 带货概览

在"飞瓜数据"中抖音号的"带货概览"是展示抖音号的带货情况的数据，包括数据概览、销售渠道、带货趋势和每日数据等板块的内容。"带货概览"模块部分页面截图，如图5-16所示。

图5-16 "带货概览"模块部分页面截图

其中，"数据概览"板块展示指定统计周期内该账号带货的销售额、销量、客单价、带货商品数、带货视频数以及带货直播场次等数据指标；"销售渠道"板块展示指定统计周期内该账号带货渠道分布情况；"带货趋势"板块展示指定统计周期内该账号的视频销量额、直播销售额、带货商品数、带货视频数以及带货直播场次的变化趋势；"每日数据"板块展示指定统计周期内该账号每天的带货相关数据统计。

2. 带货商品

带货数据分析中的"带货商品"模块有"商品分析"和"商品列表"2个板块。其中，"商品分析"板块展示指定统计周期内该抖音号的带货商品数据、销售趋势以及商品类目数据，如图5-17所示；"商品列表"板块将通过商品列表的形式展示该抖音号带货商品的相关数据情况，包括商品的带货销售额、销量、带货视频、带货直播及近30天销量趋势，如图5-18所示。

【提示】如果要对单个带货商品进行数据分析，可以在商品列表中点击该商品。进入该商品详情页面，查看该带货商品指定统计周期内的数据表现，针对该商品的商品数据、销售渠道、带货方式、销售趋势以及每日数据进行具体分析，以帮助运营者及时调整策略，进一步提升该商品的带货销售额和销量。

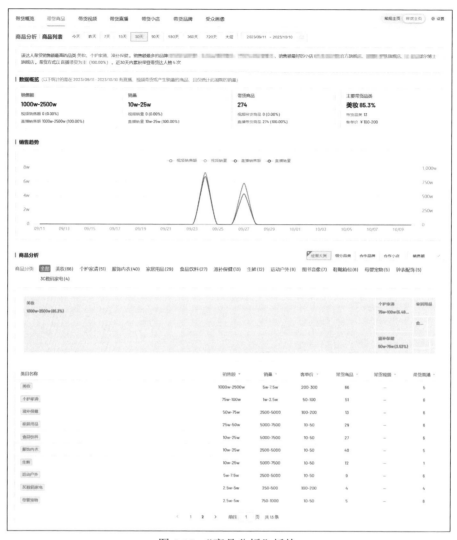

图 5-17 "商品分析"板块

图 5-18 "商品列表"板块

子任务 5.1.5　粉丝数据分析

粉丝数据分析是对抖音号的粉丝群体进行深入的数据分析和挖掘，包括粉丝的性别、年龄、地域、消费兴趣、活跃度率等数据。通过粉丝数据分析，运营者可以深入了解抖音号的粉丝特征和喜好，更好地了解抖音号的目标受众，从而优化抖音号的内容创作和推广策略。

在"飞瓜数据"中进行粉丝数据分析，将数据分析页面切换到"受众画像"模块，选择"粉丝画像"板块，如图 5-19 所示。在"粉丝画像"板块中，对粉丝基础画像、粉丝消费兴趣、粉丝活跃时间等内容进行具体分析。

图 5-19　选择"粉丝画像"板块

【提示】主要讲解涉及粉丝数据分析的"粉丝画像"板块的内容，"视频观众画像"板块和"直播观众画像"板块不作讲解，但这两个板块的分析内容与"粉丝画像"板块的分析内容一致。

1. 粉丝基础画像

"粉丝画像"板块的第一个分析内容是"粉丝基础画像"。"粉丝基础画像"展示粉丝的性别分布、年龄分布和地域分布等相关数据。例如，"性别分布"板块展示某抖音号男性粉丝和女性粉丝的占比情况，如图 5-20 所示，根据粉丝的性别分布情况合理调整短视频作品的选题和风格。

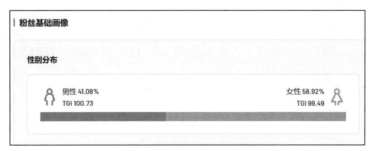

图 5-20　某抖音号的粉丝性别分布情况

2. 粉丝消费兴趣

"粉丝画像"板块的粉丝"消费兴趣"分别展示粉丝的消费需求分布、购买类目偏好、购买品牌偏好及最感兴趣的内容，如图 5-21 所示。

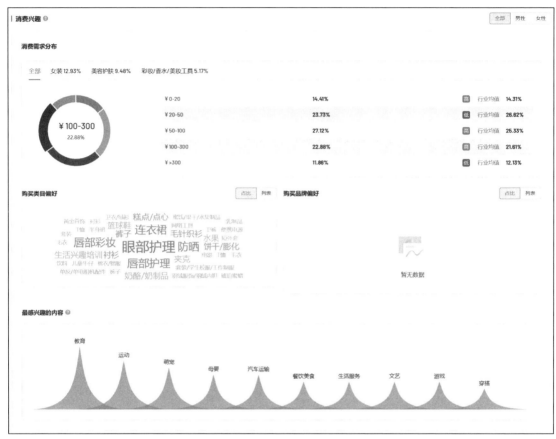

图 5-21 "粉丝画像"板块的粉丝"消费兴趣"内容

【提示】"消费兴趣"主要是指粉丝近 30 天对商品品类感兴趣的占比情况,粉丝是否感兴趣是飞瓜数据平台根据粉丝对各类商品关联视频/直播互动行为通过 AI 算法推断得出的。

3. 粉丝活跃时间

"粉丝画像"板块的"粉丝活跃时间"可以按照"天"或"周",查看某个时间段的粉丝活跃占比情况,如图 5-22 所示。抖音号运营者可以根据粉丝活跃时间来合理规划视频作品的发布时间或直播的开播时间。

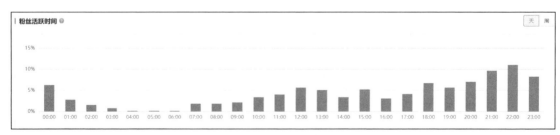

图 5-22 "粉丝画像"板块的"粉丝活跃时间"内容

任务 5.2　快　　手

观看视频

快手是一款非常流行的短视频社交平台，用户可以在上面观看、制作、分享自己的短视频。快手的用户群体非常广泛，涵盖了各个年龄段和不同领域的人，因此快手的数据非常丰富，可以进行多种类型的数据分析。

快手账号的数据分析主要包括作品分析、用户分析和直播分析。通过对快手账号相关数据情况的深入挖掘和分析，数据分析人员可以更好地了解用户需求和市场趋势，从而制定更精准的运营策略，提高快手账号的用户活跃度和商业价值。数据分析人员通过快手创作者服务平台可以查看快手账号的相关数据情况，以 PC 端为例，进入创作者服务平台（即快手数据分析入口）的操作步骤如下。

（1）打开快手 PC 端官网页面，登录快手账号，单击头像下拉菜单中的"创作者中心"按钮，如图 5-23 所示。

图 5-23　单击"创作者中心"按钮

【提示】直接在 PC 端浏览器中输入"创作者服务平台"，登录快手账号后也可以进入创作者服务平台。

（2）跳转到"创作者服务平台"介绍页面，单击"立即登录"按钮，如图 5-24 所示。

图 5-24　"创作者服务平台"介绍页面

（3）跳转到登录页面，再次登录快手账号，即可进入"创作者服务平台"页面，如图5-25所示。

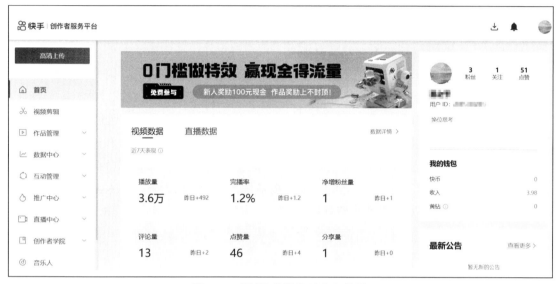

图 5-25 "创作者服务平台"首页

子任务 5.2.1 作品分析

快手账号的作品分析主要是针对快手平台上用户发布的具体视频作品进行数据分析。通过对视频作品进行分析，用户可以更好地了解快手账号视频作品的特点和不足，及时调整创作思路和方法，提高视频的质量和受欢迎程度。在快手创作者服务平台上，需要通过"数据中心"页面对快手账号视频作品进行数据分析，在"创作者服务平台"页面单击"数据中心"→"视频数据"选项，跳转进入"数据中心"页面，如图5-26所示。

图 5-26 "数据中心"页面

1. 核心数据趋势

数据中心的"核心数据趋势"板块展示快手账号视频作品的核心数据及趋势图，如图 5-27 所示。快手账号视频作品的核心数据包括播放量、完播率、净增粉丝量、评论量、点赞量、分享量和作品量。

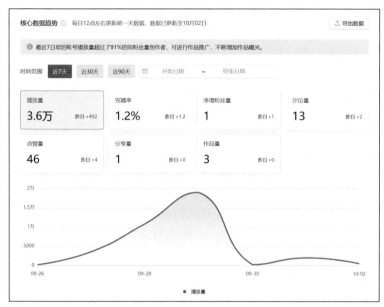

图 5-27　数据中心的"核心数据趋势"板块

2. 流量来源

数据中心的"流量来源"板块展示近 7 日内快手账号发布的所有作品的播放量、完成播放量、涨粉量、评论量和点赞量，以及这些数据的流量来源情况，如图 5-28 所示。

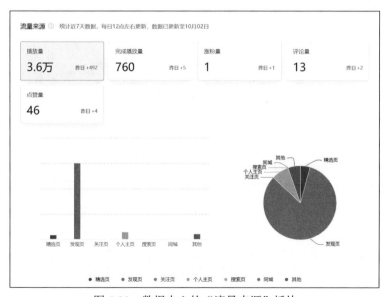

图 5-28　数据中心的"流量来源"板块

3. 作品数据明细

数据中心的"作品数据明细"板块展示最近 90 天快手账号发布的所有作品列表及其数据总览，如图 5-29 所示。

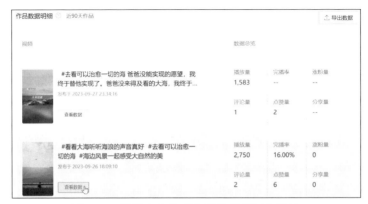

图 5-29　数据中心的"作品数据明细"板块

如果想查看单个视频作品的详细数据分析情况，可以单击对应作品的"查看数据"按钮，进入该作品的"作品数据详情"页面。"作品数据详情"页面展示该作品的核心数据、流量来源、作品诊断、继续观看用户比例、点赞分析及同类型热门作品推荐等内容。

其中，作品诊断是平台根据最近 7 日作品的数据表现及违规情况综合得出诊断结果，同时还给出了相应的提升建议，如图 5-30 所示。

图 5-30　作品诊断

继续观看用户比例板块分析观看了对应视频的用户在第几秒离开，也就是分析作品的留存率。留存率 = 对应秒数还在继续观看视频的用户数 / 视频观看总用户数。在继续观看用户比例趋势图中，百分比数据表示当前秒数还剩余多少用户，如图 5-31 所示。同时，在分析继续观看用户比例时，还可以参考同类型完播率优秀作品。

点赞分析板块分析点赞了对应视频的用户在第几秒进行的点赞，也就是分析作品的点赞率。点赞率 = 对应秒数点赞了视频的用户数 / 点赞总用户数。在点赞分析趋势图中，百分比数据表示所有点赞用户中，当前秒数点赞用户所占的百分比，如图 5-32 所示。同时，在进行点赞分析时，还可以参考同类型点赞率优秀作品。

◆ 项目 5 短视频平台数据分析

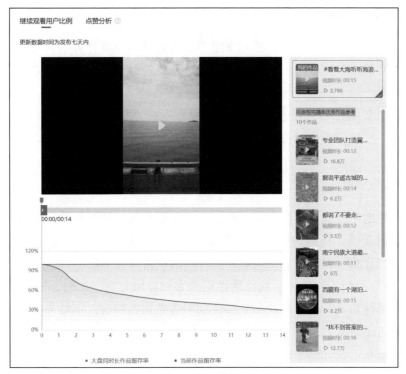

图 5-31 继续观看用户比例

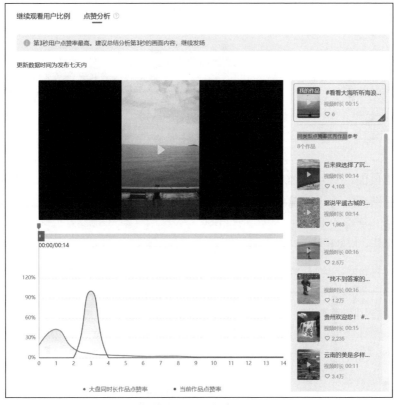

图 5-32 点赞分析

子任务 5.2.2 用户分析

对于运营者来说，进行用户分析非常重要。通过对用户进行分析，运营者可以更清楚地了解快手账号的粉丝组成情况以及粉丝画像，从而进行精准营销，增强快手账号的营销能力和变现能力。

在"创作者服务平台"页面点击"数据中心"→"粉丝分析"选项，跳转进入"粉丝分析"页面。粉丝分析包括三大板块内容，分别是粉丝属性、作品受众分析和直播受众分析。

1. 粉丝属性

对快手账号的粉丝数据进行分析，运营者可以更好地了解目标用户群体，制定更符合用户需求的运营策略，提高内容的点击率和关注率。粉丝数据主要包括粉丝的性别分布、年龄分布、系统分布、兴趣分布、地域分布以及活跃时段等基础的粉丝属性数据。

"粉丝属性"页面，首先展示粉丝的性别分布和年龄分布，如图 5-33 所示。性别分布展示快手账号男性粉丝、女性粉丝和未知性别粉丝的占比情况；年龄分布展示快手账号各年龄段粉丝的占比情况。

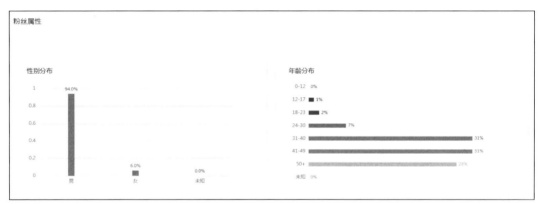

图 5-33 粉丝的性别分布和年龄分布

向下滑动页面，展示粉丝的系统分布和兴趣分布，如图 5-34 所示。系统分布展示粉丝所使用的手机系统占比情况；兴趣分布展示快手账号粉丝对快手平台上不同兴趣内容的喜爱占比情况。

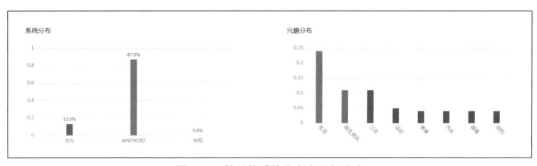

图 5-34 粉丝的系统分布和兴趣分布

继续向下滑动页面，展示粉丝的省级地域分布和城市地域分布。省级地域分布展示快手账号粉丝在各省的占比情况；城市地域分布展示快手账号粉丝在各城市的占比情况。粉丝的城市地域分布，如图 5-35 所示。

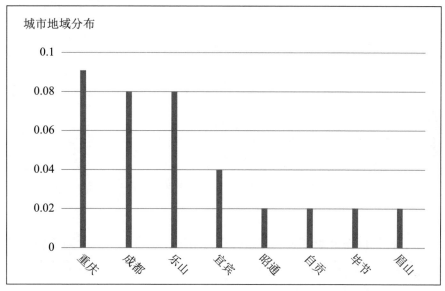

图 5-35　粉丝的城市地域分布

继续向下滑动页面，展示粉丝的活跃时段，如图 5-36 所示。活跃时段展示粉丝各时间段的活跃占比情况。如果快手账号粉丝数较少或快手账号粉丝的活跃度低，"活跃时段"板块中则会显示"暂无数据"字样。

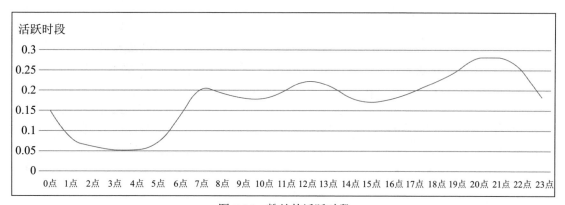

图 5-36　粉丝的活跃时段

2. 作品受众分析

作品受众分析是根据消费者对快手账号作品所操作的特定行为，对消费者属性进行分析。"作品受众分析"页面展示近 7 天和近 1 个月受众对快手账号作品的点击、点赞、评论、分享和关注的相关数据。

以受众"点击"行为的相关数据为例，可以查看受众的性别分布、年龄分布、系统分布、地域分布以及活跃时段。"作品受众分析"页面的部分截图，如图 5-37 所示。

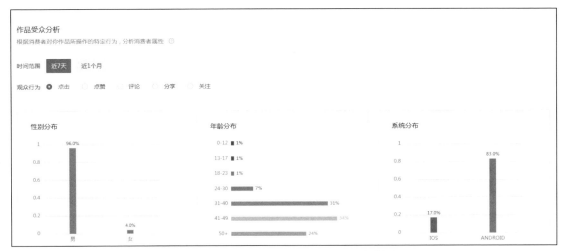

图 5-37 "作品受众分析"页面的部分截图

3. 直播受众分析

直播受众分析是根据消费者对快手账号直播所操作的特定行为,对消费者属性进行分析。"直播受众分析"页面展示近 7 天和近 1 个月受众对快手账号直播的点击、点赞、评论、分享、关注和送礼的相关数据。

以受众"点击"行为的相关数据为例,可以查看受众的性别分布、年龄分布、系统分布、兴趣分布、地域分布以及活跃时段。"直播受众分析"页面与"作品受众分析"页面基本一致。

子任务 5.2.3 直播分析

直播分析可以有效帮助运营者了解直播运营效果,发现问题并进行相应的调整,以提高快手账号的直播变现能力。在"创作者服务平台"页面点击"直播中心"→"直播数据"选项,即可跳转进入"直播分析"页面,如图 5-38 所示。

图 5-38 "直播分析"页面

1. 近 7 日直播数据

"直播分析"页面，首先展示近 7 日直播数据，包括快手账号近 7 日的有效直播次数、有效直播时长（分钟）、在线人数峰值及送礼收入（元）等，如图 5-39 所示。

图 5-39　近 7 日直播数据

2. 直播数据趋势

向下滑动页面，"直播数据趋势"板块展示快手账号近 7 天、近 1 个月、近 3 个月的有效直播时长、有效直播次数、直播观众数、在线人数峰值、点赞人数、评论人数、分享人数、送礼人数以及送礼收入（元）等直播数据指标趋势图，如图 5-40 所示。

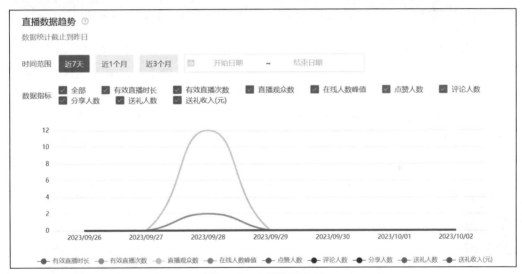

图 5-40　直播数据趋势

【提示】如果要准确把握快手账号的直播数据趋势，还需要了解该趋势图中一些数据指标的概念。例如，"有效直播"是指当天内单场时长 ≥ 30 分钟的直播；"送礼收入（元）"是指直播间送礼之和，不包括幸运草、穿云箭红包未领取完退款这 2 类延迟结算的金额。

3. 直播数据明细

继续向下滑动页面，"直播数据明细"板块展示近 7 天、近 1 个月的直播数据列表，直播数据列表包括直播信息、开播时间、直播时长（分钟）、直播观众数、在线人数峰值、点赞数、评论人数、分享人数、送礼人数以及送礼收入（元）等数据内容，如图5-41所示。

图5-41　直播数据明细

课堂实训　利用"飞瓜数据"分析单场抖音直播数据

"飞瓜数据抖音版"拥有"数据概览""带货数据""视频数据""直播数据""种草数据""团购数据"和"受众画像"等多个数据分析模块，有助于对抖音号的运营状况进行全方位的数据分析。其中，"直播数据"模块主要是对抖音号的直播数据进行分析，"直播列表"板块展示该抖音号每场直播的相关数据。如果要分析该抖音号单场直播的相关数据，在直播列表中单击该场直播，即可进入该场直播的详情页面查看直播详情，如图5-42所示。

图5-42　查看单场直播详情

在"直播详情"页面中有5个板块，分别是"数据概览""带货商品""观众画像""流量来源""观众互动"。

1. 数据概览

直播详情的"数据概览"板块展示该场直播的人气数据和带货数据，同时还展示该场直播的商品分布情况，如图5-43所示。

图5-43　某场抖音直播的人气数据和带货数据

另外，"数据概览"板块还展示该场直播的人气趋势图、带货趋势图或涨粉趋势图。例如，某场抖音直播的人气趋势图，如图5-44所示。

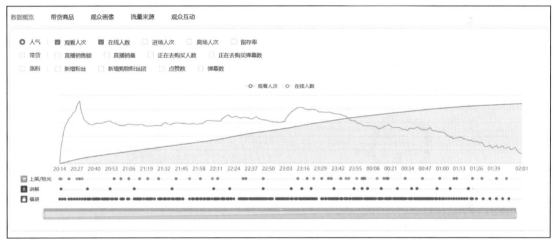

图5-44　某场抖音直播的人气趋势图

2. 带货商品

直播详情的"带货商品"板块展示该场直播的商品分布情况、直播转化率以及直播商品列表，如图5-45所示。通过直播商品列表可以对每一个直播商品的带货数据进行具体分析。

3. 观众画像

直播详情的"观众画像"板块是分别对该直播间的直播观众和粉丝团观众进行人群画像数据分析，展示观众的性别分布、年龄分布和地域分布情况。同时，还展示观众的消费需求分布情况和感兴趣的内容。某场抖音直播"观众画像"板块中展示的观众消费需求分布和感兴趣的内容，如图5-46所示。

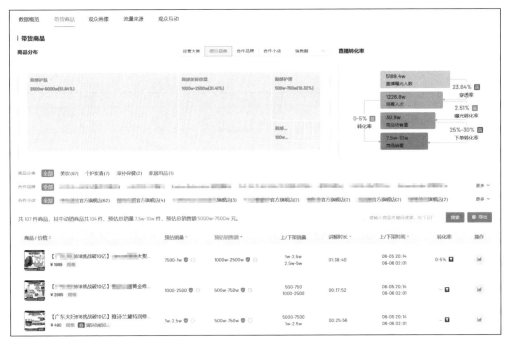

图 5-45　某场抖音直播的"带货商品"分析

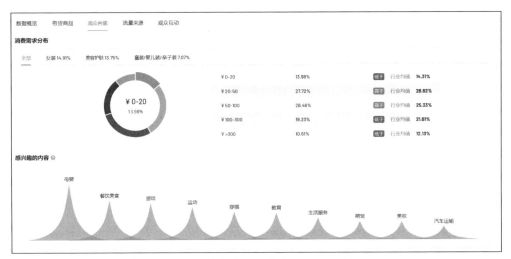

图 5-46　某场抖音直播的观众画像（部分截图）

4. 流量来源

直播详情的"流量来源"板块就直播间流量结构将当前直播与行业均值进行对比，还可以针对直播引流视频的相关指数进行具体的分析，同时预估视频引流总人次等关键数据指标，如图 5-47 所示。

5. 观众互动

直播详情的"观众互动"板块展示互动数据、弹幕占比、互动趋势图、弹幕词云、弹幕商品需求、福袋分析等数据信息，可以了解该场直播的互动情况，如图 5-48 所示。

项目 5　短视频平台数据分析

图 5-47　某场抖音直播的"流量来源"分析

图 5-48　某场抖音直播的"观众互动"情况

课后作业

1. 利用"飞瓜数据"分析某抖音号的带货数据。

2. 利用快手创作者服务平台对某快手账号进行作品分析，并根据快手账号作品分析诊断、提升、建议、优化快手账号的视频作品。

项目 6　网站数据分析

在新媒体时代，网站数据分析的重要性更加凸显。通过对网站的流量数据、访客数据、转化率数据等进行深入分析，可以为企业或个人优化新媒体营销策略提供有力的数据支持，从而提高营销效果和用户满意度。

本项目详细讲解网站数据分析的相关知识，包括网站数据分析基础、网站流量分析、访客来源分析、访问页面分析、访客分析及用户转化率分析等内容。

任务 6.1　网站数据分析基础

新媒体数据采集是指从新媒体环境中获取所需数据的过程。在新媒体环境中，用户的每一次选择、每一个点击、每一句评论及每一次转发都会被转换为数据并被记录在网络上。面对海量的新媒体数据，要想获取精准的数据源，就需要掌握一定的数据采集方法和技巧。

子任务 6.1.1　网站数据分析的作用

网站数据分析在网站运营中有着重要的作用，它可以帮助网站运营者了解用户行为、评估网站性能、优化用户体验、支持决策制定及监控竞争对手。网站数据分析的作用主要有 5 个，如图 6-1 所示。

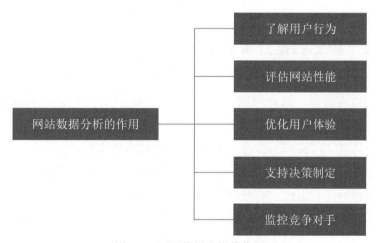

图 6-1　网站数据分析的作用

1. 了解用户行为

网站数据分析可以展示用户的浏览习惯、访问路径、停留时间等行为信息。这有助于网站运营者了解用户的喜好和需求，从而优化网站内容和用户体验，提供更符合用户期望的服务。

2. 评估网站性能

网站数据分析可以展示网站的访问量、流量来源、页面加载速度等指标，评估网站的性能。这可以帮助网站运营者发现问题并实施改进措施，从而提升网站的运行效率和用户满意度。

3. 优化用户体验

网站数据分析可以了解用户的行为点击热点、页面流失点等，从而帮助网站运营者优化网站的布局和导航结构,提升用户体验和页面可用性。通过分析用户反馈数据,网站运营者可以及时解决用户的痛点,提高用户满意度。

4. 支持决策制定

网站数据分析可以为决策制定提供依据。通过分析访问量、用户行为、转化率等数据,可以评估和优化运营策略,以便制定更有效的市场营销和推广方案。此外,网站数据分析还可以评估不同内容或功能的效果,并提供数据支持,帮助决策者做出明智的决策。

5. 监控竞争对手

通过分析竞争对手的网站数据,可以了解其运营情况、市场趋势和用户行为,进而优化自身的网站策略,实施差异化竞争策略。

综上所述,网站数据分析在网站运营中扮演着重要角色。通过对用户行为、网站性能和用户反馈数据的分析,可以优化网站内容、改善用户体验、优化运营策略,并为决策制定提供依据。这有助于提升网站的竞争力和用户满意度,从而实现网站的目标和业务增长。

子任务 6.1.2　网站数据分析的常用指标

在网站数据分析中,有许多常用的指标可以帮助评估网站的性能和用户行为。这些指标可以提供不同角度数据,帮助网站运营者了解用户行为、评估网站的流量和转化情况。常用的网站数据分析指标如下。

(1)页面浏览量(page views,PV):网页被访问的总次数。

(2)独立访客数(unique visitors,UV):指对网站上独特页面的访问次数。

(3)访客留存率:表示在一定时间周期内再次访问网站的用户比例。

(4)平均访问时长:表示在一定统计时间内,浏览网站的一个页面或整个网站时用户所逗留的总时间与该页面或整个网站的访问次数的比。

(5)跳出率(bounce rate):用户只浏览一个页面并在此页面离开网站的访问量与所产生的总访问量的百分比。

(6)转化率:指定期间内完成特定目标(如购买商品、注册用户等)的用户量的占比。

(7)唯一访问路径:表示用户在网站上的不同页面访问路径的总数。

(8)平均页面停留时间:表示用户在每个页面上的平均停留时间。

(9)用户行为分析:如页面访问流量、点击热图、页面滚动深度等指标,用于分析用户在网站上的行为。

(10)参与度指标:包括页面浏览深度、平均会话数、回访率、留存率等指标,用于评估用户对网站的参与度。

(11)用户来源分析:指用户是如何找到网站的,包括搜索引擎、社交媒体、直接访问等渠道。

（12）平均服务器响应时间：表示网站服务器响应请求所需的平均时间。

（13）注册转化率：指某一时段内，用户打开注册界面后到注册成功所占点击过注册界面的用户的百分比。

（14）支付成功率：指支付（购买）成功的订单数所占跳转至支付页面的订单数的百分比。

（15）页面加载时间：指从用户点击链接或输入网址开始到页面完全加载完所花时间的平均值。

这些指标可以帮助网站运营者了解访问者的行为和兴趣，评估网站的用户体验和市场表现，并优化网站的性能，提升运营效果。

任务 6.2　网站流量分析

网站流量分析是对访问网站的用户行为和活动进行统计、研究和解析的过程。网站流量分析可以帮助网站运营者理解用户行为、优化网站设计和营销策略。通过不断分析和优化，网站的流量质量、用户体验和业务效益可以显著提高。

子任务 6.2.1　网站流量分析的意义

网站流量是指网站上所有页面的总访问量，包括每个用户在一定时间内访问网站的次数、页面浏览量和停留时间等。而网站流量分析是指在获得网站访问量基本数据的情况下对有关数据进行统计、分析，从中发现用户访问网站的规律，并将这些规律与网络营销策略相结合，从而发现网络营销活动中可能存在的问题，并为进一步修正或重新制定网络营销策略提供依据。

> 【提示】网站流量通常指的是总访问量，不管是点击进入网站的，还是直接输入地址进入网站的都算作网站流量。网站流量可以通过搜索引擎优化、广告投放、社交媒体推广等方式获得。需要注意的是，网站流量的质量也非常重要，高质量的流量可以提高网站的转化率和用户黏性。因此，在追求网站流量的同时，也需要注重网站内容的质量和用户体验。

通过网站流量分析，可以了解网站受众的特征、行为习惯、兴趣偏好等，从而为网站的运营优化和决策提供数据支持。因此，网站流量分析对于网站的运营和发展具有非常重要的意义。

首先，网站流量分析能反映网站的发展趋势和前景。流量是网站发展的重要因素，通过观察流量的变化趋势，网站运营者可以判断网站的发展状况，预测网站的发展前景。同时，通过对流量的来源和构成进行分析，网站运营者可以更好地制定营销策略和运营方案。

其次，网站流量分析能反映用户黏度。用户黏度指用户对网站的忠诚度和黏附性，是衡量网站用户体验和价值的重要指标。网站流量分析，可以展示用户对网站的访问频率、停留时间、跳出率等指标，反映用户对网站的喜好和需求，为网站的内容管理和产品策划提供方向。

再次，网站流量分析还可以为网站内容管理和产品策划提供数据支持。通过对网站流量的来源、地域、时间、关键词等指标进行分析，了解用户的需求和行为习惯，从而为网站的内容管理和产品策划提供重要的参考。例如，通过分析流量来源渠道的数据，网站运营者可以了解不同渠道的用户特征和转化率，优化网站的推广策略；通过对用户在网站内的行为进行分析，网站运营者可以优化网站的结构和布局，提高用户体验和转化率。

最后，网站流量分析可以为网站的竞争提供决策依据。通过分析竞争对手的流量数据和用户行为，网站运营者可以了解竞争对手的优势和劣势，从而制定更加精准的竞争策略和运营方案。

总之，网站流量分析是网站运营中不可或缺的一环，它可以帮助网站运营者更好地了解用户需求、优化网站结构和内容、制定营销策略和运营方案，从而提高网站的竞争力和价值。

子任务 6.2.2　网站浏览量分析

网站浏览量是指网站或页面在一段时间内被访问次数的总和，是评价网站流量最常用的指标，同时也是衡量网站广告价值和用户关注度的重要标准。可以从以下 6 方面分析网站浏览量，如图 6-2 所示。

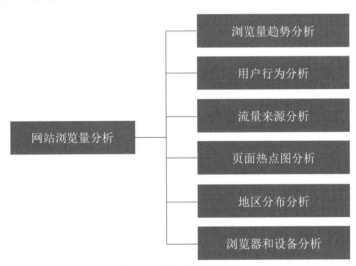

图 6-2　网站浏览量分析

1. 浏览量趋势分析

将网站浏览量数据按照时间顺序排列，并制作成折线图，观察其发展趋势。如果浏览量呈现增长趋势，说明网站受到越来越多用户的关注，运营者可以继续优化网站内容和推广策略。如果浏览量呈下降趋势，运营者需要针对数据下降的原因进行分析，并调整相应运营策略。

2. 用户行为分析

通过分析用户在网站的浏览行为数据，可以了解用户的兴趣和需求，为网站的内容优化和结构提供优化依据。例如，如果用户在网站中停留时间较短，说明网站的内容可能不够吸引人，运营者可以改进内容的呈现方式或者增加优质内容。

3. 流量来源分析

通过分析浏览量来源数据，网站运营者可以了解用户是通过哪些渠道来到网站的。例如，如果大部分浏览量来自搜索引擎，说明网站在搜索引擎中的排名较高或者网站关键词得到了较好的优化。如果浏览量主要来自其他渠道，运营者可以考虑拓展更多的推广渠道。

4. 页面热点图分析

利用页面热点图工具可以分析用户在网站的点击行为，了解用户对哪些内容更感兴趣。运营者可以根据这些数据优化网站布局和导航结构，提高用户体验。

5. 地区分布分析

通过分析浏览量来源地区的分布情况，网站运营者可以了解用户群体的地域特征，为推广策略提供依据。例如，如果浏览量主要来自某个地区，运营者就可以加大在该地区的推广力度。

6. 浏览器和设备分析

通过了解用户在访问网站时使用的浏览器和设备类型分布情况，运营者可以优化网站适配方案，提高用户体验。例如，如果发现较多用户使用移动设备访问网站，运营者可以优化响应式设计或调整移动端页面的布局。

总之，在分析网站浏览量时，网站运营者需要结合实际情况和具体数据，从多个角度进行分析和优化，以提高网站的流量和关注度。

子任务 6.2.3　网站访客数分析

网站访客数是指网站在一定时间内被访问的次数，即网站上用户浏览或交互的次数。在互联网领域，访客通常是指通过互联网浏览器访问公司网站的用户。因此，访客数可以反映出网站受到的关注度和流量情况。

访客数的多少是衡量网站成功与否的重要指标，它反映了网站的知名度、影响力和用户黏性。如果一个网站的访客数比较高，说明这个网站的内容比较受欢迎，营销策略比较成功，具有较高的用户黏性，也意味着网站的影响力比较强。

除访客数外，还可以结合其他指标进行综合分析和优化，如用户停留时间、跳出率、转化率等。这些指标综合反映了网站的质量和用户满意度，可以帮助网站运营者更好地了

图 6-3 网站访客数分析的步骤

解用户需求和行为习惯，优化网站结构和内容，提高网站的流量和转化率。

网站访客数分析的 5 个步骤如图 6-3 所示。

1. 确定统计指标

首先需要确定哪些指标可以反映网站访客的数量和行为，如独立访客数、总访客数、访问时长、跳出率等指标。

2. 获取数据

通过网站统计工具或其他分析工具，获取这些指标的具体数据。常见的网站统计工具包括 Google Analytics、百度统计等，这些工具可以直接从网站上添加跟踪代码，并登录对应账号查看统计数据。

3. 数据分析

根据获取的数据，网站运营者可以对访客数进行多角度的分析。例如，可以分析不同时间段的访客数变化趋势，比较不同地区、不同来源的访客数据，了解哪些地区或来源的访客对网站的价值更高。还可以通过用户行为分析，了解访客的喜好和需求。

4. 数据解读

通过数据分析，可以得出一些结论。例如，根据某服装电商网站的数据显示，在每年的 11 月和 12 月羽绒服产品的销售量可以达到高峰，说明消费者更倾向于在这个时间段购买羽绒服产品。

5. A/B 测试

在得出结论后，运营者需要进行 A/B 测试，以验证新策略是否有效。A/B 测试是指为实现同一个目标而定制的 A、B 两个方案（A 为目前方案，B 为新方案），通过对这两个方案实施后的重要数据进行比较，然后直接选择效果最好的方案。例如，可以尝试调整网站的结构、更改广告的发布时间等，然后观察这些变化对访客数量的影响，最终选择出效果最好的方案。

任务 6.3　访客来源分析

网站访客来源分析是通过分析访客是如何发现并访问网站的，以此了解流量的来源、质量和转化情况，并针对不同来源的流量制定不同的优化策略，提高流量的质量和转化率。

子任务 6.3.1 来源渠道

网站访客来源渠道是指访客通过不同的入口或方式访问网站，是了解网站流量来源、质量和转化情况的关键指标。常见的网站访客来源包括搜索引擎、社交媒体、电子邮件、直接访问、推荐链接等，如图 6-4 所示。

搜索引擎：这是常见的访客来源，通过搜索引擎搜索关键词或短语，然后由搜索引擎返回相关的网页，从而吸引用户点击访问网站。搜索引擎的关键词和搜索结果分析，可以反映访客通过搜索引擎的自然搜索结果或广告进入网站的次数和比例。关键词的排名、点击率、转化率等指标分析，可以反映访客的需求和搜索行为。

社交媒体：社交媒体平台如微博、微信、Facebook 等也是网站访客的重要来源。在社交媒体上分享内容或广告，可以吸引更多的潜在客户点击并访问网站。

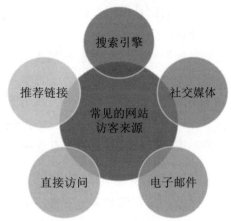

图 6-4 常见的网站访客来源

电子邮件：通过电子邮件向潜在客户发送营销邮件或广告，可以吸引客户点击并访问网站。

直接访问：访客也可以直接在浏览器中输入网址或书签等方式访问网站。

推荐链接：如其他网站上的推荐链接或用户分享的推荐链接，这些推荐链接也是访客来源渠道。

对于网站运营者来说，访客来源分析是非常重要的。网站运营者可以通过不同的渠道了解流量的情况，并制定相应的优化策略来提高流量的质量和转化率。例如，针对搜索引擎的搜索引擎优化（search engine optimization，SEO）模块优化可以提高关键词排名和流量；针对社交媒体的营销策略优化可以提高品牌知名度和影响力；针对电子邮件营销营销策略优化可以提高客户转化率和忠诚度等。

子任务 6.3.2 关键词和搜索词分析

网站关键词和搜索词分析是网站数据分析的重要组成部分。通过分析关键词和搜索词的数据，运营者可以更好地理解用户行为、优化网站内容和提高关键词排名。另外，将关键词和搜索词分析得出的数据结果与网站流量分析得出的数据结果相结合，运营者可以更好地制定营销策略和优化网站内容。

1. 认识关键词和搜索词

网站关键词和搜索词是许多网站运营者在进行搜索引擎优化和搜索引擎营销（search engine marketing，SEM）时经常遇到的核心概念。

网站关键词是指在网站上使用的词汇，其背后代表了网站的主题、内容或产品。关键词是 SEO 和搜索引擎用户行为分析中非常重要的概念。在 SEO 中，网站运营者通过研究和优化网站使用的关键词，让搜索引擎更好地理解网站的内容和主题，从而在搜索结果中获得更好的排名。在搜索引擎用户行为分析中，关键词是用户在搜索框中输入的词汇，通过分析这些关键词，网站运营者可以了解用户的需求和搜索意图。

搜索词则是指用户在搜索引擎中输入的词语，用于寻找相关信息。严格来说搜索词包括关键词，也就是说搜索词的范围更广。例如，在搜索引擎中输入"我想找一家附近的意大利餐厅"时，这个搜索词包含关键词"意大利餐厅"。同时，搜索词还包含用户的搜索意图，如上述例子中的"附近的"，这是关键词不一定包含的。

在网站上发布内容时，网站运营者应该尽可能地添加访客可能搜索的词语作为文案或标签，这样可以增加被搜索引擎找到的概率。同时，网站运营者也可以通过分析搜索词的数据，了解用户的需求和搜索意图，从而更好地优化网站内容或产品策略。

2. 分析关键词和搜索词

网站关键词和搜索词分析是网站优化和搜索引擎营销的重要环节，主要涉及以下几方面。

1）关键词分类

网站关键词通常可以分为目标关键词和长尾关键词。关键词的分类可以帮助运营者更好地理解和优化网站的关键词策略。

目标关键词（target keyword）：这是网站或页面的主要关键词，通常与网站的核心业务或主要产品相关。目标关键词往往是网站最希望用户在搜索引擎中搜索的关键词，也是网站流量的主要来源。例如，某网站是一个销售健康食品的网站，那么它的目标关键词就是"健康食品""有机食品"等词汇。

长尾关键词（long-tail keyword）：通常由多个词或短语组成，相对于目标关键词，长尾关键词的搜索量较少，但累积起来的长尾流量不容忽视。长尾关键词更具有针对性，通常与特定需求或更详细的搜索相关。例如，某网站是一个销售有机蔬菜的网站，那么它的长尾关键词就是"有机蔬菜种植方法"。

通过了解目标关键词和长尾关键词的区别，运营者可以更好地为网站选择和优化关键词。对于大多数网站来说，仅仅依赖目标关键词是不够的，因为目标关键词无法覆盖所有用户的搜索需求。所以还要使用长尾关键词，从而可以更全面地覆盖用户搜索，增加网站的流量和可见度。

2）关键词匹配模式

关键词匹配模式是指在搜索引擎营销中，关键词与用户搜索查询之间的匹配方式。不同的匹配模式会展现不同的关键词结果，从而影响网站或广告的流量和转化率。关键词匹配模式主要有以下几种。

（1）精确匹配：这是最基础的匹配方式，要求关键词与用户搜索查询完全一致。只有在搜索查询中完全包含关键词的页面或广告才会被搜索引擎认为是相关的。

（2）广泛匹配：这种匹配方式允许关键词与用户搜索查询中的任意词组或变体匹配。

例如，如果关键词是"红色高跟鞋"，那么搜索查询中包含"红色鞋子"或"高跟鞋"的页面也会被视为相关的。这种匹配模式虽然能够扩大网站的曝光度，吸引更多的流量，但也可能会导致与关键词不相关的查询。

（3）词组匹配：这是一种介于精确匹配和广泛匹配之间的匹配方式。它虽然要求关键词在用户搜索查询中以完整的词组形式出现，但也允许其他单词的存在。例如，如果关键词是"红色高跟鞋"，那么搜索查询中包含"我想买一双红色的高跟鞋"的页面也会被视为相关的。

（4）否定匹配：这是一种排除某些搜索查询的匹配方式。通过在关键词前加上负号（-），可以排除包含特定词组的页面。例如，如果关键词是"红色高跟鞋"，但不希望出现包含"男士"的搜索查询，那么可以将关键词设置为"红色高跟鞋-男士"。

（5）长尾关键词匹配：长尾关键词是指由多个单词组成的关键词短语。相比于单个关键词，长尾关键词通常搜索量较低，但更具体和精准。通过优化长尾关键词，网站可以吸引更有针对性的流量，并提高转化率。

企业可以通过不同的匹配模式来决定网站搜索词与关键词的对应关系，从而影响网站或广告的流量和转化率。因此，对关键词匹配模式的理解和运用在搜索引擎营销中非常重要。

【提示】关键词匹配模式过于广泛可能导致展现量高，但不是所有高展现量的关键词都是搜索的人多，因此在确定关键词时要结合其他指标进行分析。

3）关键词点击量

点击量是一个重要的指标，不仅要分析为什么这个词点击量高，如搜索的人多、排名发生变化、创意吸引人、其他原因。同时，还要分析点击的 IP 是否重复，以及点击的时间段和地理位置分布等。

除此之外，分析关键词时，还需要考虑关键词消费、关键词平均点击价格和关键词点击率等问题。

任务 6.4　访问页面分析

网站访问页面分析是指对网站的访问页面进行系统的收集、分析和研究。具体来说，网站访问页面分析包括跳出率分析、访问时长分析和热力点击图分析。通过对这些数据的分析，可以帮助运营者优化网站的结构和布局，提高用户体验和网站转化率。

子任务 6.4.1　跳出率分析

跳出率是指某个时间段内，只浏览了一页即离开网站的访客人数占总访客人数的比例。网站跳出率是评价一个网站性能的重要指标，跳出率高，说明网站用户体验做得不好；反之，如果跳出率较低，说明网站用户体验做得不错。通过网站跳出率分析，运营者可以优化网站的设计、内容和布局等，从而提高用户体验和网站转化率。

对于网站跳出率的分析，有以下几方面。

（1）页面内容质量：页面内容是否符合用户需求，是否能够解决用户问题，是否具有吸引力和价值，都会影响用户的跳出率。

（2）页面设计：页面设计是否美观、简洁、易于操作，也会影响用户的跳出率。

（3）网站导航和信息架构：网站导航和信息架构是否清晰、直观，用户能否快速找到所需信息，也会影响用户的跳出率。

（4）关键词和广告投放：关键词和广告投放是否精准、有效，也会影响用户的跳出率。

（5）用户行为数据：通过分析用户行为数据，如访问时长、浏览页面数、鼠标移动轨迹等，运营者可以更加深入地了解用户的兴趣和需求，从而优化网站设计和内容。

子任务 6.4.2　访问时长分析

访问时长是指用户从进入网站到离开网站所花费的时间，通常以分钟或秒为单位来衡量。

网站访问时长分析是对网站访问时长的整体情况、分布情况和趋势进行分析。如果大部分用户在网站上停留时间较短，说明网站的内容可能不够丰富或有误，或者网站的导航和布局不够清晰，需要进一步优化。

同时，在进行网站访问时长分析时，还需要注意以下几点。

（1）排除异常数据：在进行访问时长分析时，需要排除一些异常数据，如来自搜索引擎蜘蛛的访问数据、非正常访问数据等，以免对分析结果产生干扰。

（2）考虑用户体验：访问时长只是衡量用户体验的一方面，不能单纯地以访问时长来衡量一个网站的用户体验，还需要结合其他方面的指标进行分析。

（3）多种方法进行分析：访问时长分析可以通过多种方法进行，如通过网站分析工具进行数据分析、通过日志文件进行数据分析等，可根据具体情况选择合适的方法进行分析。

综上所述，网站访问时长分析是网站分析中的重要一环，可以帮助运营者了解用户在网站上花费时间的实际情况，从而优化网站设计和用户体验。同时，需要注意排除异常数据、考虑用户体验以及用多种方法进行分析。

子任务 6.4.3　热力点击图分析

热力点击图是一种常用的网站分析工具，它可以展示用户在网站上的点击行为，有助于运营者更好地了解用户的需求和兴趣，从而优化网站设计和用户体验。通过热力点击图可以了解以下信息。

（1）用户对哪些内容感兴趣，对哪些内容不感兴趣。对于用户感兴趣的内容，可以加快更新、增加频率等,以更好地满足用户的需求;对于用户不感兴趣的内容,则可以删除或者修改等,以提升用户体验。

(2)哪些链接被点击的次数更高。对于这些链接,可以适当地将其往更明显的地方转移,以方便用户点击。

(3)在进行网站营销活动时,可以观察是否有用户点击,以及点击的次数和频率等,以此来检查营销活动的效果,以及识别哪些方面需要改进。

在使用热力点击图分析网站访问页面时,先打开热力点击图,然后观察不同颜色和数据指标的意义。具体的操作步骤如下。

(1)打开热力点击图。在网站分析工具中,找到并点击"热力点击图"选项,一般该选项在"页面分析"或"用户行为"等分类下。

(2)确定时间段。在打开的热力点击图中,可以看到一个时间段,例如某一天内的点击情况。这个时间段可以根据需求自行选择。

(3)观察红色区域。在热力点击图中,红色通常代表用户点击最频繁的区域。可以根据红色区域的分布,判断用户对哪些内容更感兴趣。

(4)观察深色区域。在热力点击图中,颜色越深代表点击率越高。可以根据深色区域的分布,识别出用户经常点击的链接或内容。

(5)观察整体数据。在热力点击图的右侧或下侧,会有具体的数据指标。如点击次数、点击率、访客数等。可以根据这些数据,了解该网站的整体运营情况。

(6)进行数据分析。在数据指标中,有些可以进行数据分析,如访客数、浏览量、点击次数等。通过对数据进行分析,运营者可以了解用户的行为习惯和偏好。

(7)结合其他数据。在使用热力点击图进行分析时,运营者可以结合其他数据一起分析,如用户画像、用户来源等,这样可以更全面地了解用户的需求和行为。

任务 6.5 访 客 分 析

访客分析指的是对网站访问者的行为和需求进行系统的研究、统计和分析。访客分析可以帮助运营者更好地了解访问者的需求和行为,优化网站设计和用户体验,从而提高网站的流量和收益。同时,访客分析还可以帮助运营者发现网站存在的问题,并为进一步修正或重新制定网络营销策略提供依据。

子任务 6.5.1 访客基本属性分析

访客基本属性分析是访客分析中的重要一环,它涉及对访问者的基本信息进行分析,包括性别、年龄、学历和职业 4 方面。

(1)性别比例:对网站访问者的性别比例进行分析,以了解不同性别的访问需求和偏好。

（2）年龄分布：对网站访问者的年龄段进行分析，以了解不同年龄段的访问需求和偏好。

（3）学历分布：对网站访问者的学历背景进行分析，以了解不同学历背景的访问需求和偏好。

（4）职业分布：对网站访问者的职业进行分析，以了解不同职业的访问需求和偏好。

以某旅游网站为例，其访客基本属性分析如下。

（1）性别比例：在三个月内，该旅游网站的访客中男性比例为48.81%，女性比例为51.19%。

（2）年龄分布：在三个月内，该旅游网站的访客中，年龄段主要集中在20～39岁，其比例高达80.45%，而全行业平均水平仅为55.5%。

（3）学历分布：在三个月内，该旅游网站的访客中，高中学历的访客占比最高，达到44.49%，而全行业平均水平约为33.3%。

（4）职业分布：在三个月内，该旅游网站的访客中，IT行业的访客占比最高，达到47.8%，而全行业平均水平只有11.22%。

子任务6.5.2 系统环境分析

系统环境分析主要针对网站或应用程序的运行环境进行评估。系统环境分析分电脑端（personal computer，PC，以下简称"PC端"）的系统环境分析和移动端的系统环境分析。

1. PC端的系统环境分析

对于PC端的系统环境分析，需要考虑以下几方面。

（1）浏览器类型和版本：PC端的访客使用的浏览器类型和版本不同，可能会影响网站的兼容性和响应速度。因此，运营者需要分析不同浏览器类型和版本的占比，以便优化网站设计和开发。

（2）网络环境：PC端的访客可能使用不同的网络环境，包括宽带、光纤、拨号等。网络环境分析可以帮助运营者优化网站的图片、视频等资源，提高网站加载速度。

（3）操作系统：PC端的访客使用的操作系统不同，会影响网站的兼容性和系统性能。因此，运营者需要分析不同操作系统的占比，以便优化网站设计和开发。

2. 移动端的系统环境分析

对于移动端的系统环境分析，需要考虑以下几方面。

（1）移动设备类型和尺寸：移动端的访客使用的设备类型和尺寸不同，可能会影响网站的兼容性和用户体验。因此，需要分析不同设备类型和尺寸的占比，以便优化网站设计和开发。

（2）网络环境：移动端的访客使用不同的网络环境，包括Wi-Fi、4G、5G等。网络环境分析可以帮助运营者优化网站的图片、视频等资源，以便提高网站加载速度。

（3）浏览器类型和版本：移动端的访客使用的浏览器类型和版本不同，会影响网站的兼容性和响应速度。因此，运营者需要分析不同浏览器类型和版本的占比，以便优化网站设计和开发。

总之，对于网站的系统环境分析，运营者需要考虑PC端和移动端的访客使用的浏览器类型和版本、网络环境、操作系统和设备类型等，以便更好地了解用户需求和行为习惯，进而优化网站设计和用户体验。

子任务 6.5.3 用户忠诚度分析

用户忠诚度是指用户对某一品牌或服务在较长时间内产生的持续的消费行为和情感依恋。访客的用户忠诚度分析有助于运营者更好地了解用户需求和行为习惯，从而为网站的优化和营销策略提供依据，以便提高网站的竞争力和用户体验。

1. 衡量用户忠诚度指标

用户忠诚度的衡量可以从多方面来进行，以下是一些常用的衡量指标。

（1）用户满意度：用户对产品或服务的满意程度是衡量忠诚度的关键指标。

（2）用户消费频率：用户单位时间内对某一品牌或服务的消费次数，频率越高，忠诚度越高。

（3）用户消费金额：用户在一定时间内对某一品牌或服务的消费总额，金额越高，忠诚度越高。

（4）用户口碑传播：用户对产品或服务的评价会影响其他用户的购买决策，口碑越好，忠诚度越高。

（5）用户对价格的敏感度：一般来说，忠诚度越高的用户对价格越不敏感，即价格变动对他们的消费行为影响较小。

2. 提高用户忠诚度方法

提高用户忠诚度需要从以下几方面入手，不断优化产品和服务，加强与用户之间的互动和沟通，提高用户满意度和增加用户黏性，从而实现持续的商业价值。

（1）提高产品质量：优质的产品是提高用户忠诚度的基石，不断优化产品和提高服务的质量是关键。

（2）加强用户互动：通过多种渠道和形式加强与用户之间的互动，提高用户参与度和增强用户黏性。

（3）提供个性化服务：针对不同用户需求提供个性化的服务和解决方案，增加用户黏性。

（4）建立会员体系：通过积分、优惠券等多种形式建立会员体系，提高用户消费频率和金额。

（5）关注用户反馈：及时关注用户的反馈和评价，积极解决问题和改进服务，从而提高用户满意度。

任务 6.6　用户转化率分析

用户转化率是指在某一时间段内,从访问者转变为实际购买或者注册成为真正用户的比例。转化率越高,表明网站对于实现目标的效果越好。转化率分析在运营工作中占据了极其重要的地位,其可以帮助运营者更好地了解用户行为和提高运营效果。

子任务 6.6.1　转化率分析的指标

转化率分析指标是用来评估网站运营效果的重要工具,包括以下几方面。

(1) 总转化率:指在某一时间段内,所有访问者中转化为目标行为(例如购买、注册、表单提交等)的用户比例。

(2) 关键行为转化率:指在某一时间段内,完成关键行为的用户比例,如填写表单、下载文件等。

(3) 不同渠道转化率:指通过不同推广渠道进入的访问者转化为目标行为的比例。

(4) 不同时间转化率:指在不同时间段内,转化为目标行为用户的比例。

(5) 不同地区转化率:指在不同地区进入的访问者转化为目标行为用户的比例。

子任务 6.6.2　分析转化率的注意事项

在进行转化率分析时,需要注意以下几点。

(1) 确定目标行为:在进行转化率分析前,需要明确所针对的目标行为,如购买商品、注册会员等。

(2) 设定合理的统计周期:转化率是一个需要长期关注和积累的数据,需要设定一个合理的统计周期进行观察和分析。

(3) 关注用户来源:不同来源的用户转化率会有所不同,运营者需要关注用户来源,以便更好地进行推广策略的制定和调整。

(4) 关注关键行为指标:通过了解用户关键行为指标,如访问时长、跳出率等,运营者可以更准确地把握用户需求和行为习惯,从而提高转化率。

(5) 进行多维分析和细分:转化率分析需要进行多维细分和交叉分析,如不同渠道、不同时间、不同地区的访问者转化率等,以便运营者更全面地了解用户行为和提高运营效果。

子任务 6.6.3　影响用户转化率的因素

影响网站用户转化率的因素很多,因此提高转化率需要从多方面入手,如网站设计、内容质量、用户体验、流量来源、营销策略、产品描述、客户评价以及售后服务等。

1. 网站设计

网站的设计需要符合用户的审美和使用习惯，界面应该简洁明了，易于导航，方便用户查找所需信息。同时，网站的响应速度也应该是快速的，以免用户等待时间过长而流失。好的网站设计可以提高用户转化率。

2. 内容质量

网站的内容质量是影响转化率的另一个重要因素。网站的内容应该具有吸引力，能够吸引用户的注意力，同时要有足够的信息量，能够满足用户的需求。网站的内容还应该具有可读性，排版清晰，易于阅读。

3. 用户体验

用户体验是影响转化率的重要因素之一。在使用网站时，让用户感到舒适和便利。网站的交互设计应该符合用户的使用习惯，操作简单明了，以免用户产生困惑和疑惑。同时，网站应该提供良好的客户服务，为用户提供快速、准确的解答和帮助。

4. 流量来源

流量来源是影响转化率的重要因素之一。不同的流量来源会对转化率产生不同的影响。例如，通过搜索引擎进入的用户可能更加关注网站的内容和质量；而通过社交媒体进入的用户可能更加关注网站的互动性和社交性。因此，对于不同的流量来源，网站应该采取不同的策略，以便提高转化率。

5. 营销策略

营销策略包括广告投放、优惠活动、促销活动等。这些策略可以吸引用户的注意力，提高用户的购买意愿和提升信任度。同时，营销策略也应该符合用户的需求和购买习惯，以免对用户产生负面影响。

6. 产品描述

好的产品描述可以让用户更好地了解产品的特点和优势，从而提高用户的购买意愿。好的产品描述应该包括产品的特点、功能、优势、使用方法等。

7. 客户评价

客户评价可以让其他用户更好地了解产品的质量和服务，从而增加用户的信任度和提高用户购买意愿。好的客户评价应该包括客户的使用感受、评价等。

8. 售后服务

好的售后服务可以让用户更加信任电商平台，从而增强用户的购买意愿。好的售后服务应该包括快速的退换货服务、贴心的客服服务等。

课堂实训　分析淘宝网店的流量结构

根据店铺流量来源渠道的不同，流量分自主访问流量、付费流量、站内流量和站外流量。

1. 自主访问流量

自主访问流量是指访客主动访问店铺时所产生的流量，它的流量入口主要包括直接访问、店铺收藏、宝贝收藏、购物车以及已买到的产品等，如图6-5所示。自主访问流量的成交转化率通常较高，具有很强的稳定性，能够直观地看出访客的性质和质量，如果商家利用好这部分流量，可以有效地提升店铺的人气，提高店铺的访问深度和成交转化率。

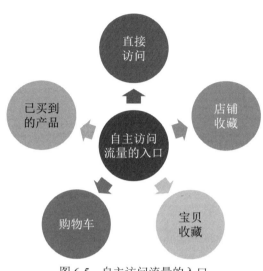

图6-5　自主访问流量的入口

（1）直接访问。直接访问是指访客通过直接搜索店铺名称或产品名称等方式进入店铺访问的行为。例如，直接在淘宝首页的搜索栏中输入店铺名称或产品名称，即可搜索到相关的产品或店铺，如图6-6所示。

图6-6　直接访问

直接访问流量对产品的成交转化率有很大影响，虽然通过直接访问方式进入店铺的访客一般都具有很强的购物意愿和明确的购物目的，但这类访客也容易受到产品价格、主图效果等因素的影响而放弃购买。所以，商家在针对这类访客流量时，应该从产品的价格、主图和标题等方面来提高产品的吸引力，从而吸引更多目标客户的注意，以便增加店铺的访问量。

(2)店铺收藏。店铺收藏是指访客之前对自己心仪的店铺进行了收藏,在需要访问该店铺时通过淘宝首页收藏夹中的"收藏的店铺"超链接,进入淘宝收藏夹页面,然后选择已收藏的店铺进入即可,如图6-7所示。

图6-7 已收藏的店铺

(3)宝贝收藏。宝贝收藏是指访客之前对某款产品进行了收藏,然后访客直接通过淘宝收藏夹中的已收藏的宝贝进入店铺,如图6-8所示。

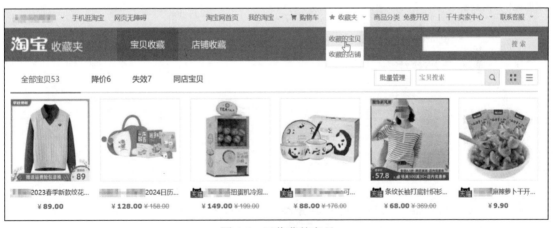

图6-8 已收藏的宝贝

产品的收藏人气越高,说明对该产品感兴趣的人就越多。产品的详情页面可以收藏产品或查看产品收藏人气,如图6-9所示。

(4)购物车。购物车是电商平台为消费者提供的一种快捷购物工具,消费者可以将多种产品加入购物车,然后批量下单,并一次性完成付款。直接访问流量中的购物车是指访客通过该访客账号下的购物车进入店铺或直接在购物车中下单并付款,如图6-10所示。

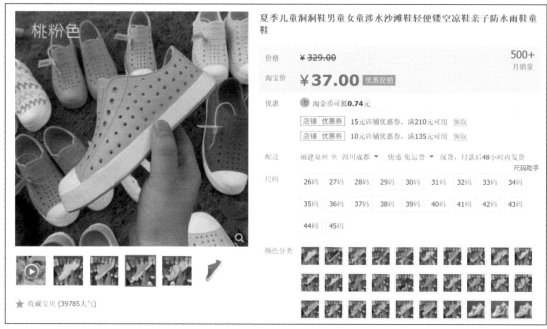

图 6-9　收藏产品或查看产品收藏人气

图 6-10　淘宝购物车页面

（5）已买到的产品。已买到的产品是指客户通过已买到的产品页面进入店铺进行访问。客户可以直接点击已经购买过的产品，通过这种方式访问店铺；同时客户还可以直接在已买到的产品页面中点击旺旺小图标，和商家进行交流，如图 6-11 所示。

2. 付费流量

付费流量是指通过付费推广的方式获取到的流量，也就是通过一些付费推广工具来帮助店铺引流。在淘宝平台上受欢迎的、使用频率高的付费推广渠道主要有淘宝客、直通车和引力魔方，如图 6-12 所示。

图 6-11 已买到的产品页面

付费流量的特点是获取的流量数量较大、精准度较高,但成本也相对增加。对一家店铺而言,完全没有付费流量是不合理的,但是付费流量在整个店铺的流量结构中的占比不宜过高,一般中小商家或者新店铺选择通过付费推广方式获取流量的较多。

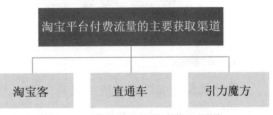

图 6-12 付费流量的主要获取渠道

获取付费流量的关键在于找到适合自己店铺的付费推广方式,商家应该在平时的店铺运营过程中多学习、多实践,从而找到最适合、推广效果最好的一种付费推广方式。

3. 站内流量

站内流量是指在电商平台内部获取的流量。在一家网站的流量构成中,站内流量所占比重很大。在淘宝平台上每天都有几千万甚至几亿的流量,如果商家能够尽可能多地获得这些站内流量,就能最大限度地提高店铺的销量。站内流量分为免费流量和付费流量,淘宝商家可以从淘宝平台提供的站内免费流量渠道获取流量,如淘宝直播、淘宝逛逛等。

(1)淘宝直播。如今直播带货的热度与日俱增,淘宝平台上的淘宝直播也成为不少商家的首选推广方式。很多商家为自己的店铺开通了直播功能,甚至有的商家还投入大量资金请一些知名的主播在淘宝直播间为商家店铺的商品进行推广宣传。某店铺的淘宝直播间正在进行一场直播,如图 6-13 所示。

(2)淘宝逛逛。在手机淘宝改版以后,出现了一个新的内容板块——"逛逛",该板块是基于买家秀社区整合升级的,入口位于手机淘宝首页第二个标签页,如图 6-14 所示。在"逛逛"板块中,消费者个人、内容创作者、商家都可以发布内容,进行商品种草。"逛逛"板块是通过双列的信息流方式呈现达人发布的图文和短视频内容的,与淘宝直播相结合,能够有效形成一个"种草和收割"的流量闭环。

165

图 6-13 淘宝直播

图 6-14 淘宝逛逛

4. 站外流量

站外流量是指除店铺所在电商平台以外的渠道所获取的流量。商家要想取得好的销售业绩，必须获取大量的优质流量，但仅仅依靠站内流量是不够的，还需要通过一些站外渠道来引流。站外流量主要是通过一些知名的社交平台获取，如抖音、微博、微信、QQ、论坛及贴吧等，如图 6-15 所示。

图 6-15 站外流量的主要获取渠道

课后作业

1. 请简述网站访客数分析的步骤。
2. 请简述影响网站用户转化率的因素有哪些。

项目 7　新媒体数据可视化

新媒体数据可视化是新媒体数据分析基本流程中的最后一个环节,即对新媒体数据分析结果进行可视化呈现。有些数据分析的结果不是特别直观,尤其是数据较多时,十分不便于决策者和其他阅读者理解,这时数据分析人员就需要将数据分析的结果制成简单明了的可视化图表,从而让数据的呈现更加直观,以方便决策者和其他阅读者理解。

本项目详细讲解新媒体数据可视化的基本知识以及新媒体数据可视化图表的制作和应用。

任务 7.1　认识新媒体数据可视化

对于数据分析结果的呈现而言,新媒体数据可视化十分重要,简洁、直观的可视化图表往往起到"一图胜千言"的作用,有助于新媒体运营者掌握数据分析结果传递的重要信息,及时优化调整运营策略,以提高新媒体的运营效率。

子任务 7.1.1　数据可视化的作用

数据可视化是一种将数据与图形、图像、动画等视觉元素相结合的技术,它是利用人们的视觉认知,准确、高效地传递数据信息。在增强数据可读性、提升数据交互性、增强数据实时性、实现数据驱动决策、增强数据美观性等方面,新媒体数据可视化具有重要的作用,如图 7-1 所示。将数据与视觉元素相结合,新媒体运营者可以更好地利用数据的价值,从而为企业和用户带来更多的利益和便利。

图 7-1　数据可视化的作用

1. 增强数据可读性

数据可视化可以将复杂的数据转化为易于理解的图形和图像,从而帮助阅读者更好地理解和分析数据。通过数据可视化,阅读者可以更加直观地了解数据的分布、趋势、关联和差异,从而更好地把握数据的整体特征和规律。

数据可视化可以增强数据的可读性。将复杂的数据转化为易于理解的图形和图像,可以帮助阅读者更快地理解数据,并更好地发现数据的内在关联和规律。以下说明如何通过数据可视化来增强数据可读性。

(1)直方图和箱线图:这两种图形可以表示数据的分布和集中趋势。直方图用一系列垂直或水平的条形表示数据,每个条形的长度对应数据出现的频数。箱线图则用一条包含"四分位数"的线表示数据的一组五个数字特征。这两种图形都可以帮助阅读者快速了解数据的分布情况。

(2)折线图和散点图:这两种图形常用来表示两个变量之间的关系。折线图用线段连接一系列点表示数据随时间或其他连续变量的变化情况。散点图则用一系列点表示两个变量之间的关系,点的分布情况可以反映这两个变量之间的相关程度。

(3)树形图和气泡图:树形图可以用来表示分类数据,气泡图则可以用来表示三个变量之间的关系。树形图将不同类别的数据放在不同的层级来表示分类数据,可以帮助阅读者快速了解数据的分类情况。气泡图则在二维平面上用不同大小的点表示数据，可以直观地表示三个变量之间的关系。

通过这些数据可视化技术，阅读者可以更快速、准确地了解数据的分布、关联和趋势，从而更好地把握数据的整体特征和规律。对于决策者、研究人员和数据分析师而言，这都非常有价值。

2. 提升数据交互性

数据可视化可以实现数据的交互性，让用户能够通过点击、拖曳、缩放等操作对数据进行探索和分析。这种交互性可以增强用户对数据的理解和掌控能力，同时也可以帮助用户更好地发掘数据中的价值和意义。

数据可视化的交互性主要体现在以下几方面。

（1）点击操作：通过点击图表中的某个元素或者标签，用户可以获取该元素的详细信息，进一步了解该数据的具体数值或者属性。例如，在一个柱状图中，用户可以点击某一个柱子，弹出该柱子的具体数值，以便更加直观地理解数据。

（2）拖曳操作：通过拖曳图表中的某些元素或者指标，用户可以对数据进行自定义的排序或者筛选操作。例如，在一个散点图中，用户可以通过拖曳鼠标选择某个特定的数据范围，实现对该范围内数据的筛选。

（3）缩放操作：对于一些具有时间维度的数据，用户可以通过缩放操作来改变可视化图表的时间跨度，从而更加精细地观察和分析数据的变化趋势。例如，在一个折线图中，用户可以通过缩放操作来放大或者缩小时间轴，以便更好地观察数据的变化情况。

（4）悬停提示：在数据可视化中，将鼠标悬停在某个特定的图表元素上，可以显示该元素的详细信息或者关联数据。例如，在一个地图可视化中，当鼠标悬停在某个特定的区域时，可以显示该区域的名称、人口数量等相关信息。

例如：一组销售数据包括不同产品的销售额和销售量。创建柱状图可视化这些数据。每个柱子代表一个产品，高度表示销售额或销售量。然后，点击柱子查看该产品的具体销售数据，例如，销售额是多少，销售量是多少。同时，按照销售额或销售量的大小拖曳柱子进行排序。另外，通过缩放操作改变可视化图表的时间跨度，以便更好地观察销售数据的变化趋势。这样，用户可以通过这些交互性的操作深入了解销售数据，并从中发现潜在的商业机会。

3. 增强数据实时性

数据可视化可以通过实时更新数据和图形的方式反映数据的最新情况和趋势。这种实时性可以增强用户对数据的掌控能力和提高响应速度，从而更好地应对市场和业务的变化。

增强数据的实时性主要体现在以下几方面。

（1）实时数据源：数据可视化工具可以连接实时数据源，如数据库、API接口等，将最新的数据实时反映在可视化图形中。这样，用户可以随时获取最新的数据情况，及时了解市场动态和业务趋势。例如，在一个股票交易数据可视化中，通过连接实时股票行情API，可以实时更新股票价格并反映在折线图中，帮助用户即时监测股票价格的波动情况。

（2）自动刷新：数据可视化工具可以设置自动刷新的功能，定期从数据源获取最新的数据并更新图形。这样，无须手动操作，用户可以定时获得最新的数据情况。例如，在一个实时监控仪表盘中，数据可视化工具可以每隔一段时间自动刷新仪表盘上的指标和图表，帮助用户持续监测关键业务指标的实时变化。

（3）实时报警和提醒：根据设定的阈值和规则，数据可视化工具可以实时监测数据的变化，并通过报警和提醒的方式通知用户。这样，对于突发情况或者异常情况用户可以迅速响应，及时采取相应的措施。例如，在一个实时监测系统的可视化仪表盘中，设定了某个指标的上下限，当该指标超出范围时，数据可视化工具会自动触发报警并发送提醒消息，提醒用户进行问题排查或者调整。

例如：一个电商平台的销售数据可视化仪表盘。连接电商平台的订单数据库，将订单数据实时反映在可视化图表中。并且设置了自动刷新的功能，每隔一段时间就从数据库获取最新的订单数据并更新图表。如当前的销售额、订单数量以及热销产品等，同时设定一些指标的阈值和规则，当某个产品的销售量超过预设的阈值时，数据可视化工具会自动报警并发送提醒消息，提醒用户及时补货或者调整销售策略。这样，用户可以通过实时更新的数据和报警提醒，快速掌握销售情况并做出相应的决策。

4. 实现数据驱动决策

数据可视化可以帮助企业实现数据驱动决策，通过将数据与业务场景相结合，将数据的分析结果转化为具体的业务决策和行动计划。数据可视化可以促进企业更好地理解和利用数据，从而优化业务流程和提高决策效率。

以下是数据可视化实现数据驱动决策的几个关键方面。

（1）数据探索和发现：数据可视化将大量的数据以图表、图形等形式展现出来，使用户可以直观地浏览和理解数据。通过交互性操作和可视化工具提供的分析功能，用户可以发现数据中的模式和关联性，深入挖掘数据中的价值和问题。例如，通过绘制散点图和趋势线，用户可以发现销售额与广告投入之间的关联性，从而判断广告投入对销售的影响。

（2）实时监控和预警：数据可视化可以实时监控关键业务指标的变化，并设置阈值和规则，当指标超出设定范围时自动触发报警和提醒。这样，企业可以对异常情况作出快速响应，及时调整决策。例如，在一个实时销售数据的可视化仪表盘中，设定了销售额的下限，当销售额低于设定值时，可视化工具会自动报警提醒相关人员进行分析和解决问题。

（3）数据驱动的决策制定：数据可视化将数据和指标以直观的方式展现，便于企业决策者根据数据分析结果进行决策制定。通过对数据的全面理解和分析，企业决策者可以制定更明智的决策，优化业务流程并提高决策效率。例如，根据销售数据的可视化分析结果，企业决策者可以判断某个产品的销售额下降是因为销售渠道的问题，进而制定调整销售渠道的策略。

（4）数据驱动的行动计划：通过数据可视化，企业可以将数据分析结果转化为实际的行动计划和执行方案。可视化工具可以帮助企业更好地跟踪执行情况和评估效果，促进决策的快速执行和效果的持续改进。例如，根据市场调研数据的可视化分析结果，企业可以制订产品推广计划，并通过可视化工具追踪市场推广活动的执行情况和销售业绩的变化。

5. 增强数据美观性

数据可视化可以通过将数据转化为图形和图像来增强数据的吸引力和美观性。这种美观性可以增强数据的可读性和影响力，从而更好地吸引读者的注意力和兴趣。

以下是增强数据美观性的几个关键方面。

（1）可视化元素的选择和布局：数据可视化需要选择适当的图表类型和图形元素来展示数据，同时通过优雅的布局和排版来组织数据并凸显重点。例如，在设计柱状图时，可以选用合适的颜色、字体和图例，以及合理的间距和比例，使得图表看起来美观且易于理解。

（2）颜色和调色板的运用：颜色是数据可视化中重要的设计元素之一，可以用来区分不同的数据类别或者突出重要的数据点。通过选择合适的配色方案和调色板，可以创造出具有美感和协调性的可视化效果。例如，在一个饼状图中，通过使用渐变色或者明亮鲜艳的颜色，可以使不同扇区更加醒目和吸引人。

（3）图形和插图的应用：除了传统的图表类型，数据可视化还可以使用图形和插图来呈现数据。通过插入符号、图标、地图等图形元素，可以使数据更加生动。例如，在一个地理信息数据的可视化中，通过插入地图和图钉等图形元素，可以更好地展示地理位置相关的数据，提升图表的美感和可读性。

（4）动态和交互效果：为了增强数据的吸引力和美观性，数据可视化可以加入动态和交互效果，使得图表更具活力和趣味性。例如，在一个线图中，可以添加动态的线条路径和变化效果，以及与其他图表元素的动态交互，增加读者的参与感和兴趣。

例如：一个销售数据的可视化报告。在报告中，可以使用多种图表类型展示销售数据，如柱状图、折线图、气泡图等。通过选择恰当的配色方案和调色板，使用统一的字体和字号，保持图表的整洁和一致性。同时，可以使用一些插图和图标来突出关键信息，如在柱状图上加入销售额的数值标签或者在地理图上标注销售分布的图钉。另外，可以为图表添加动态效果，如在折线图中添加平滑过渡的动画效果，使图表更加生动和吸引人。通过这些设计和应用，销售数据报告可以变得更加美观和易于理解，以提升数据的可读性和影响力，吸引读者的注意力并激发读者的兴趣。

子任务 7.1.2 数据可视化的设计要点

数据可视化的设计要点是同时考虑响应式设计、适当的颜色和配色方案，以增强用户体验、提供更深入的数据洞察力和展示效果。新媒体数据可视化的设计要点内容，如图 7-2 所示。

1. 目标清晰

在设计数据可视化之前，需要明确通过可视化呈现的主要见解是什么。这可以是数据之间的关联性、趋势、模式或任何其他关键信息。例如，如果展示销售数据与市场份额之间的关系，那么主要见解可能是销售增长与市场份额增长之间的正相关性。

确定主要见解后，需要确保设计风格和元素都为呈现这些见解而服务。例如，在上述示例中，需要选择一个合适的图表类型，如折线图，以清晰地呈现销售数据和市场份额之间的变化趋势。可以使用不同的颜色和标记来突出这些数据之间的关系。

除了选择合适的图表类型和颜色，还可以利用数据可视化的其他设计元素进一步传达关键信息。例如，可以使用适当的标题和标签帮助目标

图 7-2 数据可视化的设计要点

受众理解数据可视化的含义。也可以添加图例、图表解释或注释等辅助信息，以提供更多的上下文和解释。

此外，确保数据可视化的布局和排版也支持这些见解。一个清晰、整洁的布局可以帮助目标受众更好地理解和解读数据可视化。合适的边距、间距和对齐方式可以使关键信息更醒目，并提高可视化的可读性。

最后，不要忘记以目标受众为中心进行设计。考虑目标受众是谁，并根据目标受众的需求和背景设计和呈现数据可视化。例如，如果目标受众是高管层，可能需要更多地关注总结性的见解和关键指标；相反，如果目标受众是专业分析师，可能需要提供更详细的数据和可视化选项。

2. 简洁明了

保持设计简洁明了，避免过度装饰和复杂的图形元素。使用清晰的标签和标题，突出重要的数据点和信息。

首先，设计过程中应该避免过度装饰和复杂的图形元素。简洁的设计可以使观众更专注于数据本身，而不是被繁杂的图形元素所干扰。例如，在制作柱状图时，可以选择一种简单的样式，避免过多的阴影或渐变效果。这样可以使数据更加突出、易读，从而减少观众的认知负担。

其次，清晰的标签和标题可以帮助观众快速理解数据可视化的含义。标签应该简明扼要，突出重要的数据点和信息。例如，在设计折线图时，可以在每个数据点上添加标签，准确地指示数据的数值。同时，通过添加适当的标题，概括整个数据可视化所传达的主要信息，更易于观众抓住核心见解。

保持控制信息密度和可读性之间的平衡也是十分重要的。过分拥挤的图表会使观众难以阅读和理解。因此，应根据数据的复杂性和观众的认知能力确定信息的密度。如果数据较为复杂，可以考虑分割成多个图表或使用交互式功能，使观众可以根据自身需求选择要查看的信息。此外，合适的空白间隔和明确的分组也可以帮助观众理解数据可视化和数据之间的关系。

最后，设计要以美感为目标，但不要过度追求华丽的效果。简洁的设计本身也是美的一种表达方式。色彩的平衡、统一的字体和尺寸的选择等都可以使设计更加整洁而美观。例如，在设计饼图时，选择合适的和谐色彩，突出重要的数据部分，并确保标签清晰可读。适当的颜色和配色方案：选择适当的颜色和配色方案突出重点和区分不同的数据。避免使用过于明亮或过于深沉的颜色，以及颜色差异过大的配色方案，以免干扰观众注意力或造成混淆。

3. 合适的图表类型

选择合适的图表类型呈现数据。各种类型的图表适用于不同类型的数据，如线图适用于展示趋势和变化，柱状图适合比较不同类别的数据，饼图适合显示比例关系等。确保选用的图表能够清晰地传达所需的信息。例如，利用折线图可以展示一段时间内的销售趋势、股票价格变化等；利用柱状图比较不同产品的销售额；利用散点图显示学生的身高与体重之间的关系。

4. 颜色和配色方案

在新媒体数据可视化的设计中，选取适当的颜色和配色方案是非常重要的，它有助于突出重点，区分不同的数据，并提升可视化的效果与可读性。因此，在选择颜色和配色方案时，避免使用过于明亮或过于深的颜色，以确保数据可视化的可视化效果和可读性。

首先，选择合适的颜色突出重点。在数据可视化中，通常需要将某些数据点或数据集突出显示，使其在图表中更加显眼和易于理解。为了实现这一目的，可以使用鲜明而饱和的颜色来吸引用户的注意力。例如，可以选择一种鲜艳的颜色标记关键数据点或具有特别意义的数据。这种鲜明颜色可以使这些重点数据脱颖而出，并在图表中引起用户的注意。

其次，为了区分不同的数据，可以采用不同的颜色或调节颜色的亮度和饱和度。在数据可视化中，经常需要区分不同的数据类别或数据集，以便用户可以更清楚地理解数据之间的差异和联系。为此，可以使用一组有区别的颜色，每种颜色代表一种不同的数据类别或数据集。此外，通过调整颜色的亮度和饱和度，可以在可视化中创建出更多的层次和细微的差别，进一步帮助用户进行数据的分析和解读。

再次，避免使用过于明亮或过于深的颜色。过于明亮的颜色可能导致可视化效果过于刺眼，造成用户阅读和理解上的困难。过于深的颜色则可能导致数据难以辨认或混淆。为避免以上情况，选择中性色调或具有适度亮度和饱和度的颜色，以实现更好的可视化效果与可读性。

最后，为确保数据可视化的设计更加专业和一致，可以借助现有的配色方案进行选择。许多在线工具和资源可以提供各种配色方案的参考和灵感，如 Color Hunt、Adobe Color 等。这些工具有助于快速找到适合数据可视化的配色方案，并确保可视化的统一性和美观性。

5. 交互性

数据可视化作为一种传递信息与展示数据的方式，已经成为许多行业不可或缺的工具。然而，仅仅呈现数据是不够的。为进一步提高用户体验和提供更深入的数据洞察力，需要为数据可视化添加交互性。

首先，添加过滤器是一种有效的方式，可以帮助用户根据自己的需求和兴趣筛选和查看数据。例如，在一个图表中，添加一个下拉菜单或滑块，可以让用户自由选择感兴趣的指标或时间段，从而以不同的视角观察数据。这种交互性可以使用户更加专注于所关心的数据，而不是被大量的信息所淹没。

其次，工具提示是另一个有用的交互性功能。通过简洁明了的文字或图标，工具提示可以为用户提供有关特定数据点的额外信息。当用户将鼠标悬停在特定数据点上时，工具提示会显示相关的详细信息，如数值、日期或其他补充说明。这种交互方式让用户能够更好地理解数据，同时提供更多的背景信息，帮助用户更深入地分析和解读数据。

最后，悬停效果是一个吸引用户注意力和提供即时数据反馈的有力工具。通过在可视化中添加动态效果，比如当鼠标悬停在某个数据点上时，该数据点放大或显示相关联的数据，可以增强用户的互动体验。这种交互性能让用户能够更直观地理解数据之间的关系，并且提供即时的数据反馈，使用户可以更好地探索和发现数据中的模式和趋势。

为数据可视化添加交互性可以极大地增强用户体验和提供更深入的数据洞察力。通过添加过滤器、工具提示和悬停效果等功能，用户可以自由地探索和与数据进行互动，从而更好地理解数据并发现隐藏在其中的规律和趋势。在信息爆炸的时代，这是十分重要的。因此，在设计数据可视化时，鼓励积极地添加交互性，以满足用户的需求并提供更好的数据解读体验。

6. 响应式设计

随着移动设备的普及和多种屏幕尺寸的出现，新媒体数据可视化的设计必须考虑不同屏幕尺寸和设备的适应性，以确保数据可视化在各种设备上都能良好展示和操作。在这方面，响应式设计成为一项重要的原则，能够使数据可视化自动调整和适应不同的屏幕尺寸。

首先，为实现响应式设计，需要采用弹性布局和基于比例的尺寸单位设计数据可视化。用相对单位如百分比而不是绝对单位如像素定义可视化元素的尺寸和位置，可以使布局能够根据不同屏幕尺寸进行自动调整。此外，弹性布局可以使元素的排列和对齐能够自动适应不同的屏幕宽度，确保在不同设备上都能提供良好的显示效果。

其次，针对不同屏幕尺寸和显示模式，还需要设计不同分辨率下的切换和适应方案。

常见做法是用媒体查询（Media Queries）检测不同设备或屏幕尺寸，并在不同情况下应用不同的样式和布局。通过适配不同的屏幕尺寸，数据可视化可以在手机、平板和台式机等各种设备上都能有良好的显示和操作体验。

再次，为了提供更好的用户体验，还可以应用平滑的过渡效果和交互动画来增加交互性和视觉吸引力。这种方式能够缓解用户在不同设备上操作的不适感，同时也能够提供更加流畅和自然的过渡效果，使用户能够更好地理解和探索数据。

最后，响应式设计并不仅仅是简单地调整尺寸和布局。还需要合理的优化和抽离可视化元素的内容和功能，确保在不同屏幕尺寸下都能够提供最重要和有意义的信息。在较小屏幕上，可以将某些次要的信息隐藏或进行适度的抽象，以保持可视化的简洁性和易读性。

对于新媒体数据可视化的设计而言，响应式设计是一个要点。通过采用弹性布局、媒体查询和过渡效果等技术手段，可以使数据可视化在不同屏幕尺寸和设备上自动调整和适应，提供良好的展示效果和操作体验。这种设计理念能更好地满足用户的需求，提供更好的数据洞察力和信息传递效果。

任务 7.2　数据可视化图表

数据可视化图表是指利用计算机图形学、图像处理、人工智能等技术，将新媒体平台上的各种数据以图形、图像等形式展示出来的技术。这些图表可以更加直观地呈现数据的特征和趋势，使数据易于理解和记忆。

子任务 7.2.1　数据可视化图表的常用工具

常用的数据分析软件如 Excel、Power BI、Python、Tableau、SPSS 等均具有数据可视化功能，如图 7-3 所示。其中，Python 还拥有丰富的数据可视化函数和软件包，可以实现高级的数据可视化。但最容易上手，使用率高的新媒体数据可视化工具非 Excel 莫属。下面简介新媒体数据可视化图表的常用工具。

1. Excel

Excel 是一款应用非常广泛的数据分析工具，其图表功能非常强大，可用于创建各种类型的图表和图形。通过 Excel 的图表功能，可以轻松地将数据转换为视觉信

图 7-3　数据可视化图表的常用工具

息，帮助新媒体运营者更好地理解数据，发现数据中的规律和趋势，评估数据的价值和影响，从而做出更明智的决策。

Excel 的图表功能提供了各种工具和选项，可以对图表进行自定义设计，如更改图表类型、添加和删除数据系列、调整数据标签等。以下介绍 Excel 可视化图表的主要功能。

（1）创建图表：在 Excel 中可以选择数据并点击"插入"菜单中的"图表"选项创建图表；也可以按 Alt+F1 快捷键快速创建图表。

（2）图表设计：在 Excel 中可以使用"图表设计"选项卡中的各种工具对图表进行自定义设计，例如更改图表类型、添加和删除数据系列、调整数据标签等。

（3）分析数据：在 Excel 中可以打开"数据"选项卡选择要显示的数据，如平均值、总数、中位数等，这些数据可以在图表中使用。

（4）筛选数据：Excel 图表筛选器可以直接筛选图表中的数据。在"图表筛选器"窗格中选择要筛选的类别和条件，可以将符合条件的数据筛选出来并在图表中显示。

（5）数据透视图：如果需要对大量数据进行汇总和可视化，可以使用 Excel 的"数据透视图"功能。在"插入"选项卡中选择"数据透视图"，然后将数据字段拖动到适当的位置，即可快速创建包含汇总数据的图表。

（6）图表元素预览：在生成图表后，使用"预览"功能查看图表元素的不同布局和样式，以便快速找到最适合的布局和样式。

除此之外，Excel 的图表功能还有很多，如添加标签和标题、将图表与其他表格相连、使用次坐标轴、创建多层标签等。

2. Power BI

Power BI 是一款由微软推出的商业智能工具，它的强大功能在于将复杂的数据可视化，使用户能够更轻松地理解和解释数据。这款工具能帮助用户发现数据之间的关联和趋势，为业务决策提供有力支持。

Power BI 的主要特点如下。

（1）数据整合：Power BI 能够整合不同数据源的数据，如 Excel、SQL Server、SharePoint 等。被整合的数据源的数据，经过清洗、建模和分析，为进一步的数据可视化提供基础。

（2）数据可视化：Power BI 的一大特点是数据可视化能力。Power BI 可以将复杂的数据转化为各种类型的图表，如条形图、饼图、折线图等，有助于用户更好地理解和解释数据。同时，Power BI 还支持动态数据可视化，这意味着用户可以交互地探索数据，如筛选数据、添加新的度量等。

（3）仪表板和报告：Power BI 支持用户创建自定义的仪表板和报告。这些仪表板和报告可以包含一系列的图表和其他可视化元素，有助于用户更好地理解数据。同时，用户还可以通过仪表板和报告与其他人共享发现。

（4）无缝集成：Power BI 可以与其他微软产品无缝集成，如 Excel、SharePoint 和 OneDrive 等。这意味着用户可以在这些产品中使用 Power BI 的功能，而无须单独购买或学习其他软件。

（5）在实际使用中，Power BI 应用广泛。例如，公司可以使用 Power BI 来跟踪销售数据，创建仪表板显示销售趋势和预测。教育机构可以使用 Power BI 分析学生的成绩数据，以便更好地理解学生的学习需求和改进教学方法。

3. Python

Python 也是一款数据分析工具，属于纯代码的数据分析编程语言，可广泛应用于统计数据分析领域。在 Python 中有许多库和工具，如 Matplotlib、Seaborn 和 Plotly 等库都为用户提供了创建高质量图形的工具。

（1）Matplotlib：Python 中最常用、最基础的数据可视化工具和作图库，主要用于绘制数据图表的 Python 库。Matplotlib 提供了各种绘图函数，包括折线图、柱状图、饼图、散点图等。通过 Matplotlib，用户可以定制图形的各种细节，如颜色、线型、标题等，从而制作出符合特定需求的图形。

（2）Seaborn：基于 Matplotlib 的数据可视化 Python 库，提供了更高级别的图形绘制界面，如热图、分类图、网络图等。Seaborn 可以方便地进行探索性数据分析，对于一些数据关系的隐藏、探索和推理有很大的帮助。

（3）Plotly：提供了丰富的交互式图表类型，如散点图、热力图、面积图等。用户可以通过简单的代码设置，添加鼠标悬停提示、轴标签等交互元素，使图表更加直观易懂。

（4）Bokeh：也是一个用于创建交互式和可视化的 Web 应用的 Python 库。它支持动态绘图，用户可以通过简单的 Python 代码将复杂的可视化呈现到网页上。

（5）Pandas：虽然不是专门的数据可视化库，但 Pandas 是 Python 中用于数据处理和分析的重要工具。它提供了一系列用于数据清洗、处理和可视化的函数和方法，如 head()、tail()、describe() 等。

这些 Python 库都具有强大的可扩展性和灵活性，能够满足不同类型的数据分析和可视化的需求。

4. Tableau

Tableau 是一款功能强大、灵活和易于使用的商业智能工具，通过其交互式、动态和多维度的图表功能，帮助用户更好地理解和分析大规模数据。不管是业务分析、市场调研、决策支持还是数据探索，Tableau 都是一个强大的工具，可以帮助用户从数据中发现洞察和价值。以下是 Tableau 的特点和功能。

（1）交互式和动态的图表：Tableau 提供了丰富多样的图表类型，包括柱状图、折线图、散点图、地图等，用户可以通过简单的拖放操作创建交互式的图表。图表可以根据用户的需求和操作进行动态更新，使得数据的变化和关系更加直观和可理解。

（2）多维度的数据分析：Tableau 支持多维度的数据分析，用户可以通过钻取（drill-down）和分层显示（hierarchical display）等功能，深入挖掘数据中的细节。可以根据数据的层次结构和关系，快速切换和查看不同粒度的数据，有助于用户发现和理解数据中的模式和趋势。

（3）数据联接和整合：Tableau 具有强大的数据联接和整合能力，可以连接多个数据源，如数据库、Excel、CSV 等，同时支持实时数据连接。用户可以轻松地将不同数据源的数据整合在一起进行分析和可视化，无须额外的数据转换和处理。

（4）高度定制和可扩展性：Tableau 提供了丰富的定制选项，用户可以根据自己的需求调整图表的外观和样式，包括颜色、字体、标签等。此外，Tableau 还支持脚本编写和自定义计算字段，用户可以根据自己的分析需求编写复杂的计算逻辑和表达式。

（5）协作和分享功能：Tableau 具有协作和分享的功能，用户可以将创建的报表和图表分享给团队成员或其他用户。可以通过在线平台、邮件、链接等多种方式进行分享，团队成员或其他用户可以在浏览器中查看和交互式地探索数据。

（6）大规模数据分析和部署：Tableau 适用于各种规模的数据分析，无论是小型项目还是大规模的企业级分析，都具备良好的性能和扩展性。同时，Tableau 还支持在云平台和服务器中部署，可以满足团队协作和远程访问的需求。

5. SPSS

SPSS 是一款由 IBM 公司开发和销售的数据分析和统计建模的软件，可以应用于统计学分析运算、数据挖掘、预测分析和决策支持任务等多方面。

SPSS 的绘图功能非常强大，可以自动根据模型输出描述性分析的统计图，反映不同变量间的内在关系。在 SPSS 中，用户可以根据需要选择不同的图表类型，如条形图、扇形图、饼图、柱状图、箱线图、直方图等。同时还可以自定义图表的基本属性，如颜色、字体、标签等，以使图表更加美观。此外，SPSS 还支持交互式图表，用户可以通过点击或滑动可视化图表，来构建全方位的数据分析模型。

子任务 7.2.2　认识 Excel 图表

在新媒体数据可视化图表中，最常用的是 Excel 图表。Excel 软件中的图表功能可以利用数据生成各种图形，具有较好的视觉效果，能够使信息接收者直观地感受到数据的变化、影响因素以及发展趋势等，是一款非常实用的数据可视化工具。下面详细介绍 Excel 图表的基础知识。

1. Excel 图表的特点

Excel 图表是数据可视化的利器，在数据分析和可视化方面有很多特点，如图 7-4 所示。

首先，Excel 图表具有简单易用的特点。作为被广泛应用的数据分析工具，Excel 提供了多种图

图 7-4　Excel 图表的特点

表类型和自定义选项，使用户能够轻松地创建各种类型的图表。不管是折线图、柱状图、饼图还是散点图，都可以通过点击和拖曳操作完成。

其次，Excel 图表外观美观大方。Excel 图表的默认设计风格经过精心设计，能够让数据更加直观地呈现在用户面前。用户可以根据需求自定义图表的颜色、字体、线条样式等，使图表更加美观大方，增强数据的可读性和吸引力。

再次，Excel 图表具有灵活性和可定制性。用户可以根据数据的特点和需求选择不同的图表类型，并通过调整图表的参数和样式达到最佳的数据展示效果。同时，Excel 还支持多个图表的组合和叠加，使用户能够更全面地展示数据之间的关系和趋势。

此外，Excel 图表还具有交互性和动态性。用户可以通过添加数据标签、数据表格、图例等元素，进一步解释和说明数据的含义。此外，Excel 提供了数据筛选、排序、切片器等功能，可以帮助用户动态地探索和分析数据，从而更好地理解数据的内在规律和趋势。

最后，Excel 图表具有广泛的应用领域和兼容性。Excel 作为一款通用的数据处理软件，广泛应用于商业分析、科研统计、金融数据、市场调研等领域。Excel 图表的输出格式多样，可以保存为图片、PDF、PPT 等常见的文件格式，方便与他人共享和展示。

总而言之，Excel 图表作为一种强大的数据可视化工具，具有简单易用、美观大方、灵活可定制、交互动态以及广泛的应用领域和兼容性等特点，能够帮助用户更好地理解和分析数据，提升工作效率和决策质量。无论初学者还是专业人士，Excel 图表都是不可或缺的得力助手。

2. Excel 图表的作用

Excel 图表在数据分析和可视化中扮演至关重要的角色，Excel 图表通过数据可视化，帮助用户更好地理解、分析和展示数据，其主要作用，如图 7-5 所示。

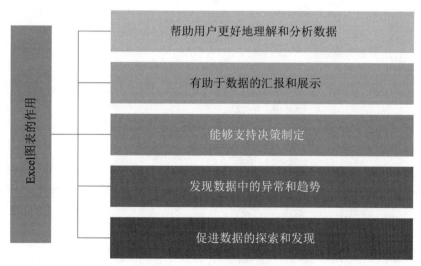

图 7-5　Excel 图表的作用

首先，Excel 图表帮助用户更好地理解和分析数据。通过将数据可视化为图表，用户可以直观地看到数据之间的关系、趋势和模式。图表的视觉效果能够帮助用户更快地理解数据，并且更容易发现其中的规律和异常。

其次，Excel 图表有助于数据的汇报和展示。无论是在商业会议、学术研究报告还是市场调研中，通过精心设计的图表，可以有效地向用户传达数据的核心信息。图表能简洁明了地呈现大量数据，帮助用户更好地理解数据和观点。

再次，Excel 图表能够支持决策制定。通过将数据可视化为图表，决策者能够更加直观地看到不同方案或策略的优劣势，从而做出更明智的决策。图表的对比、趋势和比例展示能够帮助决策者更好地评估风险和潜在机会，为决策提供有力的依据。

此外，Excel 图表还可以发现数据中的异常和趋势。通过绘制折线图或散点图，用户能够更容易地发现数据中的离群点或异常值。同时，趋势图能够帮助用户预测未来的发展趋势，为市场走势和业务增长提供重要的参考。

最后，Excel 图表能够促进数据的探索和发现。Excel 提供了交互式的图表工具，用户可以通过筛选、切片、排序等操作，快速地调整图表中的数据范围和展示方式，帮助用户发现数据中的细节和模式，从而深入挖掘数据的潜力。

综上所述，Excel 图表在数据分析和可视化中具有重要的作用。Excel 图表能够帮助用户更好地理解数据、汇报数据、支持决策、发现异常和趋势，以及促进数据的探索和发现。不管是在商业、学术还是个人领域，Excel 图表都是不可或缺的工具，能够帮助用户提升工作效率和决策质量。

3. Excel 图表的组成

完整的 Excel 图表主要由图表区、图表标题、坐标轴、绘图区、数据系列、网格线和图例等元素组成。虽然图表的种类有很多，但图表的组成部分大致都是相同的，下面介绍 Excel 图表的组成元素，某直播间商品销量的柱形图，如图 7-6 所示。

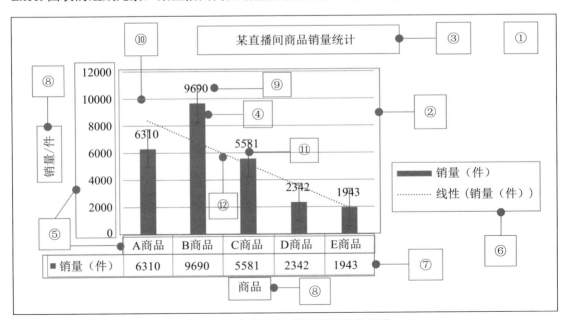

图 7-6　展示某直播间商品销量的柱形图

(1) 图表区：在 Excel 中，图表是以一个整体的形式插入表格中的，这个区域称为图表区。图表区是用来展示相应图表内容的，既包含具体的图表，也包含图表相关的元素。

(2) 绘图区：图表区中显示图形的矩形区域，用于绘制图表序列和网格线，表示数据的图形元素也在该区域中。

(3) 图表标题：图表上显示的名称，用来说明图表内容的文字。图表标题在图表区中以一个文本框的形式呈现，可以对其进行各种调整或修饰。

(4) 数据系列：在数据区域中，同一列（或同一行）数值数据的集合构成一组数据系列，也就是图表中相关数据点的集合。图表中可以有一组到多组数据系列，多组数据系列之间通常采用不同的图案、颜色或符号来进行区分。

(5) 坐标轴：标识数值大小及分类的垂直组和水平线，坐标轴分为垂直坐标轴（Y 轴）和水平坐标轴（X 轴）。垂直坐标轴（Y 轴）为数值轴，用于确定图表中数值的刻度值；水平坐标轴（X 轴）为分类轴，主要用于显示文本标签。

(6) 图例：用于指示图表中系列区域的符号、颜色或形状定义数据系列所代表的内容。图例包括图例标示和图例项两部分内容，其中，图例标示代表数据系列的图案，即不同颜色的小方块；图例项是与图例标示对应的数据系列名称，一种图例标示只能对应一种图例项。如果只有一种数据系列时，可以不用添加图例。

(7) 数据表：图表中的表格，用于显示各个数据项的具体明细值。

(8) 坐标轴标题：用于显示的坐标轴名称，即显示 Y 轴和 X 轴分别代表什么内容。如果坐标轴通过项目名称可以轻松判断出是什么数据，在不影响图表解读的情况下也可以不用添加坐标轴标题。但在双坐标图表中，拥有两个 Y 轴，这时如果不添加坐标轴标题就很难知道两个数值轴分别代表哪两项数据。

(9) 数据标签：在各数据系列数据点上可以标注出该系列数据的具体数值和名称，即数据标签。

(10) 网格线：贯穿绘图区的线条，分垂直网格线和水平网格线，起引导作用，目的是找到数据项目对应的 X 轴和 Y 轴坐标，从而更准确地判断数据大小。

(11) 误差线：图表中用于显示数据误差范围的辅助线。

(12) 趋势线：图表中用于显示数据趋势的线条。

4. Excel 图表的类型

Excel 图表的类型非常丰富，在"插入图表"对话框中可以看到，共有十五大类的图表类型，每种图表类型下还可以细分出多种图表样式，如图 7-7 所示。但在实际的数据分析工作中，最常用的图表类型主要有 5 种，即饼图、柱形图、折线图、散点图和条形图。

(1) 饼图：适用于显示数据系列中各项目与整体的比例关系，特别适合用于显示各部分在整体中所占的百分比。

(2) 柱形图：主要用于比较两个或多个数据系列中的数值。柱形图可以显示每个数据系列中各数据点的数值大小，并可以直观地比较它们之间的差异。

(3) 折线图：主要用于表达项目在时间维度上的增减变化趋势。折线图能够显示数据

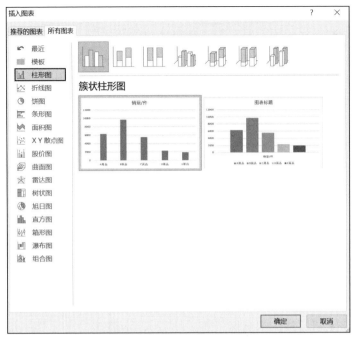

图 7-7 Excel 图表的类型

随时间变化的趋势,帮助用户更好地了解数据的变动情况。

(4)散点图:用于显示两个或多个数据系列之间的关系。散点图可以表示两个或多个数据系列之间的相关性,或者将两个或多个数据系列中的数值点描绘为 X 轴和 Y 轴中的一个点阵。

(5)条形图:类似于柱形图,条形图更适合用于表达项目之间的大小比较,而不适合用于一系列时间内的数据变化。

在 Excel 图表中,其他的图表样式基本上都是在这 5 种基本图表样式的基础上演变而成的。后续展示这 5 种基本图表类型的应用。

任务 7.3 新媒体数据可视化的应用

数据分析人员可以借助 Excel 图表等可视化工具对数据进行处理,将数据制作成可视化的图表,让数据更加直观。下面以 Excel 图表工具为例,详细讲解饼图、柱形图、折线图、散点图和条形图 5 种基本图表类型的具体应用,帮助数据分析人员在不同的数据可视化场景下选择最合适的图表类型呈现数据,以便更好地传递数据信息。

子任务 7.3.1 使用饼图展示某企业各新媒体账号的粉丝数占比情况

在 Excel 图表中,饼图主要用于表现数据系列的构成和占比情况。例如,使用饼图展示某企业各新媒体账号的粉丝数占比情况。该企业各新媒体账号的粉丝数统计表,如

图 7-8 所示，通过比较该企业各新媒体账号的粉丝数，可以分析出该企业的哪个新媒体渠道最受欢迎，从而对粉丝数占比较多的新媒体渠道进行重点运营。

使用饼图展示某企业各新媒体账号的粉丝数占比情况，其具体操作步骤如下。

	A	B	C
1	新媒体账号	粉丝数/个	
2	微信公众号	10804	
3	微博账号	9817	
4	抖音账号	22924	
5	快手账号	7234	
6	淘宝账号	8563	
7	小红书账号	3215	
8			

图 7-8 某企业各新媒体账号的粉丝数统计表

（1）选中表格中需要插入图表的数据区域，单击菜单栏中的"插入"选项，接着单击"图表"组中的"饼图"按钮，插入一个饼图，如图 7-9 所示。

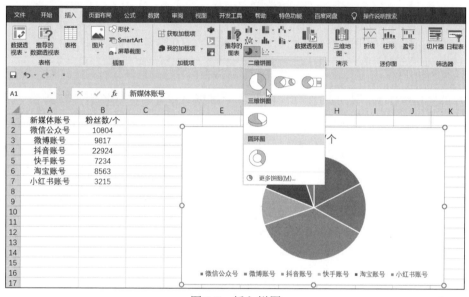

图 7-9 插入饼图

（2）这时在工作表中生成了一个基本的饼图，如图 7-10 所示，但该饼图不能很直观地看出哪一扇代表哪一个新媒体账号，以及各新媒体账号的粉丝数占比是多少。所以还需对饼图进行调整。

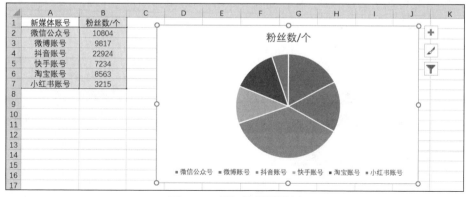

图 7-10 最初的饼图效果

（3）想要图表更清晰明了，可以在饼图上添加具体的数据标签。选中饼图，右击，在

183

弹出的菜单中选择"添加数据标签"命令，即可将每个新媒体账号的粉丝数据显示出来，如图7-11所示。

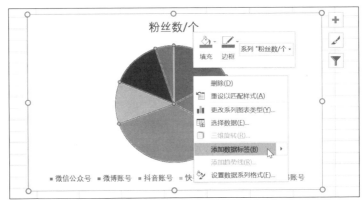

图7-11 添加数据标签

（4）再次选中饼图，右击，在弹出的菜单中选择"设置数据标签格式"命令，如图7-12所示。

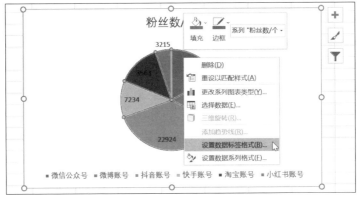

图7-12 选择"设置数据标签格式"命令

（5）工作表右侧将弹出"设置数据标签格式"窗格，在标签选项中取消勾选"值"，勾选"类别名称"和"百分比"，然后单击"关闭"按钮，如图7-13所示。

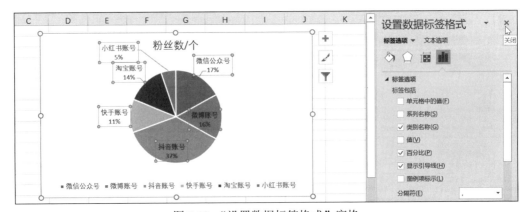

图7-13 "设置数据标签格式"窗格

（6）更改图表标题，选中图表标题，重新输入新标题"某企业各新媒体账号的粉丝数占比情况"，调整后的饼图效果，如图7-14所示。

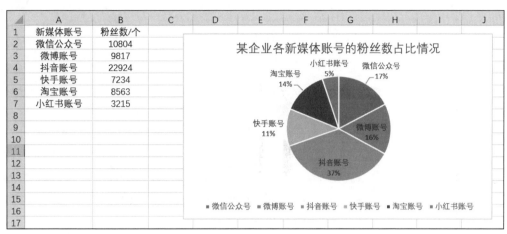

图7-14 调整后的饼图效果

子任务 7.3.2 使用柱形图展示某直播间商品的销量高低

观看视频

在 Excel 图表中，柱形图主要表示某一时间段内数据的变化情况或比较各项数据之间的差异。下面以某直播间商品的销量统计表为例，使用柱形图展示该直播间商品的销量高低，具体操作步骤如下。

（1）选中表格中需要插入图表的数据区域，单击菜单栏中的"插入"选项，接着单击"图表"组中的"柱形图"按钮，插入一个柱形图，如图7-15所示。

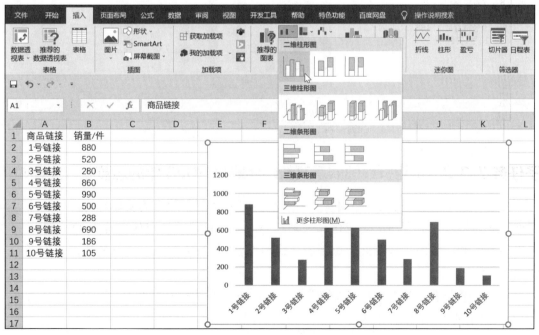

图7-15 插入柱形图

（2）在柱形图上添加具体的数据标签，选中柱形图区域，右击，在弹出的菜单中选择"添加数据标签"命令，即可把各商品的销量数据显示出来，如图 7-16 所示。

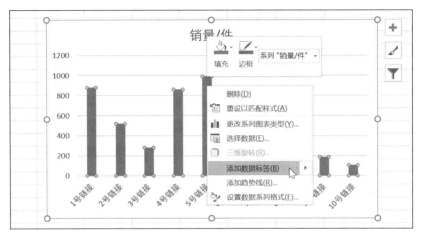

图 7-16　添加数据标签

（3）更改图表标题为"某直播间商品的销量对比柱形图"，最后查看设置完成后的柱形图效果，如图 7-17 所示。

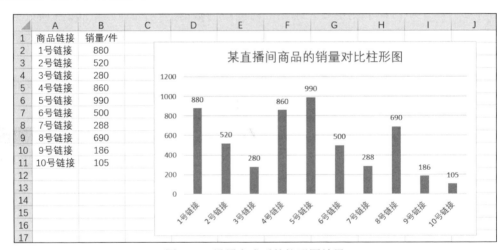

图 7-17　设置完成后的柱形图效果

子任务 7.3.3　使用折线图展示某新媒体账号 2023 年的运营收入变化趋势

在 Excel 图表中，折线图适用于显示在相等时间间隔下数据的变化趋势，可以通过时间维度来分析各项数据的历史变化和未来趋势。下面将以某新媒体账号 2023 年的运营收入作为数据源，使用折线图展示该新媒体账号 2023 年的运营收入变化趋势，具体操作步骤如下。

（1）选中表格中需要插入图表的数据区域，单击菜单栏中的"插入"选项，接着单击"图表"组中的"折线图"按钮，插入一个折线图，如图 7-18 所示。

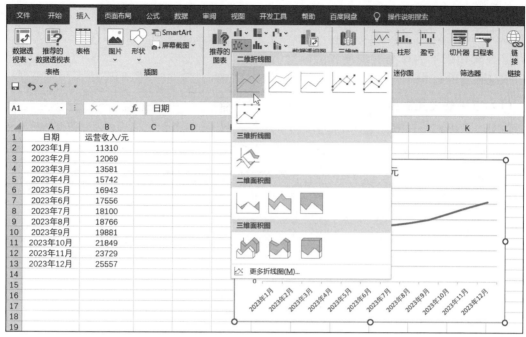

图 7-18 插入折线图

（2）更改图表标题为"某新媒体账号 2023 年的运营收入变化趋势图"，查看折线图的效果，如图 7-19 所示。从折线图中可以明显看出，该新媒体账号 2023 年的运营收入整体呈上升趋势，其中 10 月、11 月、12 月这 3 个月的运营收入均超过 20000 元。

图 7-19 插入折线图后的效果

子任务 7.3.4　使用散点图展示某新媒体账号的作品展现量和阅读量情况

观看视频

在 Excel 图表中，散点图和折线图类似，用于显示一个或多个数据系列在某种条件下的变化趋势。与折线图相比，散点图除显示数据的变化趋势外，还用于分析数据之间的相关性和分布特性。

下面以某新媒体账号的作品展现量和阅读量数据为例，如图 7-20 所示，使用散点图展示某新媒体账号的作品展现量和阅读量情况，具体操作步骤如下。

（1）选中展现量和阅读量所在的数据区域（即 B1:C7 单元格区域），单击菜单栏中的"插入"选项，接着单击"图表"组中的"散点图"按钮，插入一个散点图，如图 7-21 所示。

图 7-20　某新媒体账号的作品展现量和阅读量数据

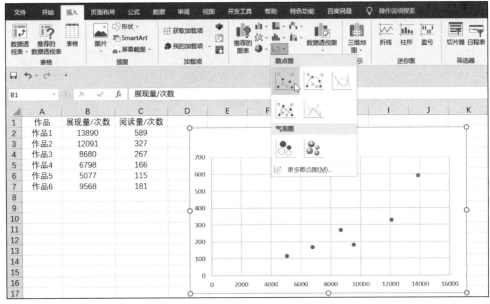

图 7-21　插入散点图

（2）选中图表中任意一个散点，右击，在弹出的菜单中选择"添加数据标签"命令，为每一个散点添加数据标签，如图 7-22 所示。

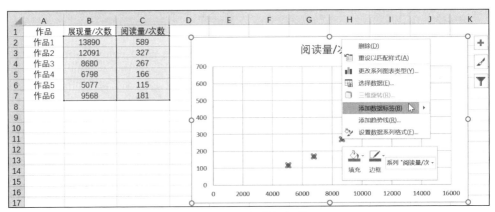

图 7-22　添加数据标签

（3）再次选中图表中任意一个散点，右击，在弹出的菜单中选择"设置数据标签格式"命令，如图 7-23 所示。

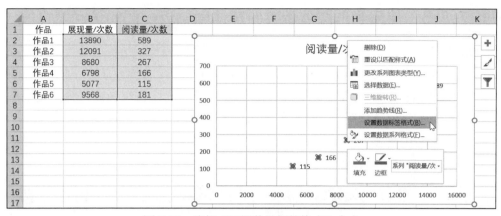

图 7-23 选择"设置数据标签格式"命令

（4）在工作表的右侧弹出"设置数据标签格式"窗格，在标签选项中勾选"单元格中的值"复选框，这时会弹出"数据标签区域"对话框，选择对应的数据标签区域（这里为 A2:A7 单元格区域），单击"确定"按钮，如图 7-24 所示。

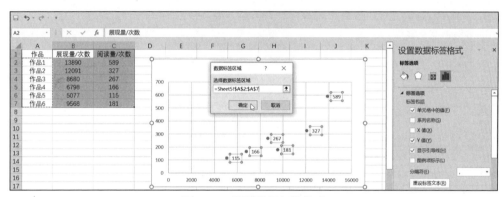

图 7-24 设置数据标签格式

（5）为了图表的美观，还可以在"设置数据标签格式"窗格的标签选项中取消勾选"Y 值"，然后将图表标题修改为"某新媒体账号的作品展现量和阅读量情况分析"，最终的散点图效果，如图 7-25 所示。

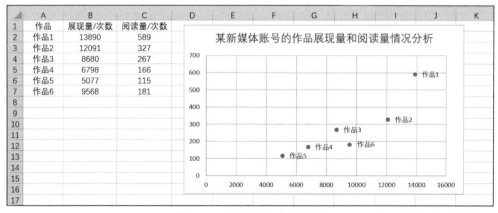

图 7-25 最终的散点图效果

观看视频

子任务 7.3.5　使用条形图展示某新媒体网站近一周的访问量情况

在 Excel 图表中,条形图主要用于比较不同数据之间的差异情况。条形图在外观上与柱形图非常相似,只是一个是横向展示,一个是纵向展示。例如,以某网站近一周(即 2023 年 10 月 16 日—2023 年 10 月 22 日)的访问量情况统计表作为数据源,使用条形图展示网站近一周的访问量情况,具体操作步骤如下。

(1)选中表格中需要插入图表的数据区域,单击菜单栏中的"插入"选项,接着单击"图表"组中的"条形图"按钮,插入一个条形图,如图 7-26 所示。

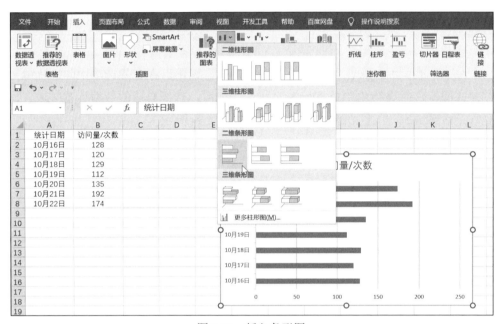

图 7-26　插入条形图

(2)更改图表标题为"某新媒体网站近一周的访问量情况统计图",最后查看条形图的整体效果,如图 7-27 所示。

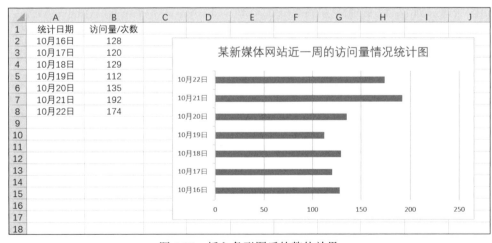

图 7-27　插入条形图后的整体效果

课堂实训 1　使用双坐标图展示直播观看人数和直播销量的趋势

观看视频

在进行新媒体数据分析时，数据的关联性分析非常重要。以某直播间的直播观看人数和直播销量数据为例，如图 7-28 所示，在分析直播数据时，如果要分析不同直播场次直播观看人数和直播销量的趋势以及它们之间的关联性，就需要使用双坐标图来展示数据。

	A	B	C	D
1	直播场次	观看人数/个	直播销量/件	
2	3月1日	21536	408	
3	3月2日	18322	279	
4	3月3日	16523	239	
5	3月4日	17641	166	
6	3月5日	25804	597	
7	3月6日	18556	367	
8	3月7日	20264	380	
9	3月8日	31021	625	
10	3月9日	15016	154	
11	3月10日	23367	350	
12				

图 7-28　某直播间的直播观看人数和直播销量数据

使用双坐标图展示直播观看人数和直播销量的趋势，其具体的操作步骤如下。

（1）在 Excel 工作表中，选中所有数据区域，然后单击菜单栏的“插入”选项，接着单击“表格”组中的“数据透视表”按钮，如图 7-29 所示。

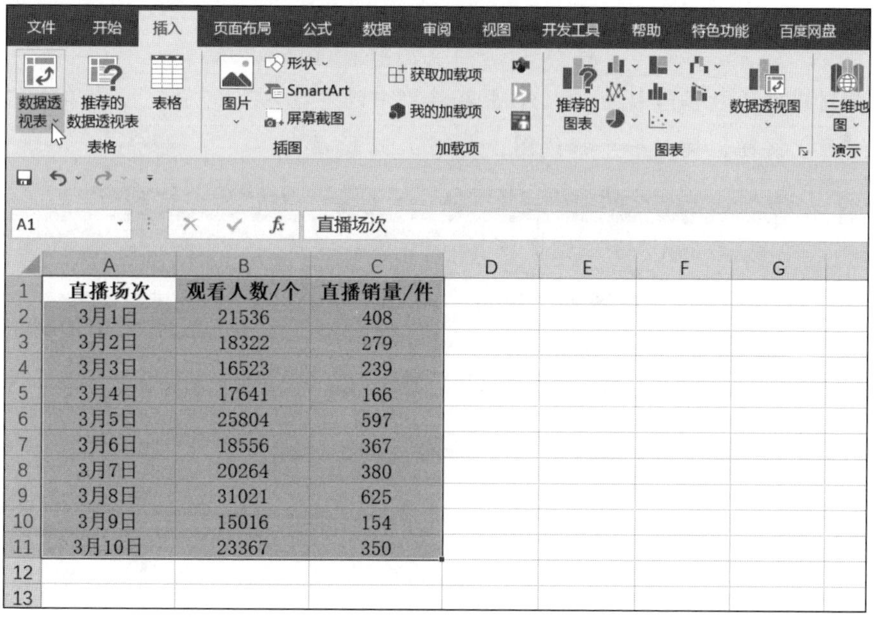

图 7-29　点击“数据透视表”按钮

（2）弹出“来自表格或区域的数据透视表”对话框，确认选择的表或区域是否正确，选择放置数据透视表的位置，一般直接默认“新工作表”，然后单击“确定”按钮，如图 7-30 所示。

图 7-30 "来自表格或区域的数据透视表"对话框

（3）自动跳转到新的工作表中，这时工作表的右侧会出现一个"数据透视表字段"窗格，将"直播场次"拖动到"行"中；将"观看人数/个"和"直播销量/件"拖动到"值"中，并将其汇总方式设置为"求和"，如图 7-31 所示。

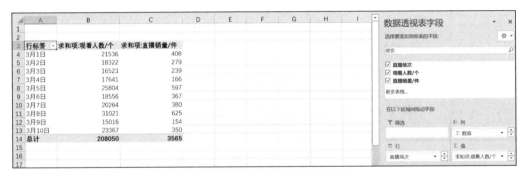

图 7-31 设置数据透视表字段

（4）在创建好的数据透视表中，单击菜单栏中的"插入"选项，接着单击"图表"组中的"折线图"按钮，插入一个折线图，如图 7-32 所示。

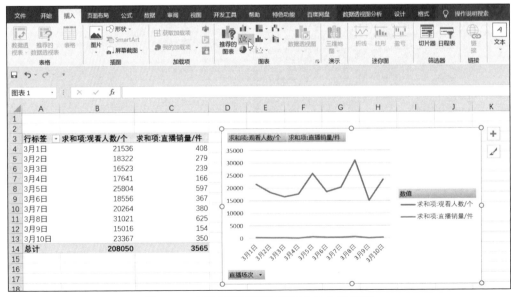

图 7-32 在数据透视表的基础上插入折线图

如图 7-32 所示，可以看到观看人数的趋势，而直播销量的趋势却无法准确地在折线图中展示出来。这是因为观看人数的数值最高能达到 3 万多，但是直播销量的数值最高只有 600 多，二者差距太大，放在同一个图表中根本无法查看和对比。如果要在同一个图表中，同时展示两项不同的数据，就需要使用到双坐标图。

（5）选中图表中的任意一条折线，右击，在弹出的快捷菜单中选择"更改系列图表类型"命令，如图 7-33 所示。

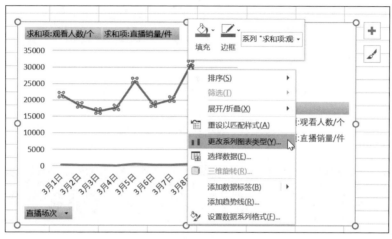

图 7-33 "更改系列图表类型"命令

（6）在弹出的"更改图表类型"对话框中，选择"组合图"，在直播销量/件后面勾选"次坐标轴"复选框，并将其图标类型设置为"簇状柱形图"，如图 7-34 所示。

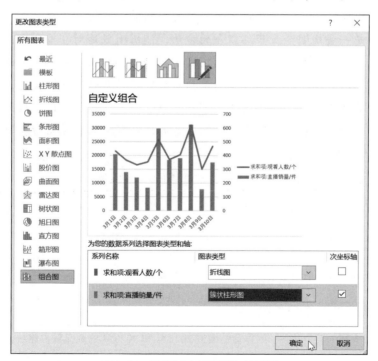

图 7-34 "更改图表类型"对话框

（7）单击"确定"按钮后，即可清楚地看到图表中有两个坐标轴和两种图标类型，如图 7-35 所示。其中，折线和左侧的坐标轴代表观看人数的数据；柱形和右边的坐标轴代表直播销量的数据。

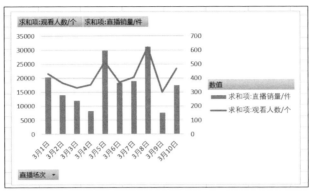

图 7-35 双坐标图的最终效果

课堂实训 2 使用波士顿矩阵图展示各新媒体营销渠道的成交额占比和环比增长率情况

很多企业都会同时在多个新媒体平台上销售自己的产品，希望借助新媒体的热度和流量实现盈利。不同的新媒体平台，由于其特点有所差异，取得的营销效果也会有所不同。在新媒体运营的过程中，运营者需要根据不同的新媒体平台的营销效果，来调整企业的新媒体营销布局，以保证企业能在新媒体运营中实现利益最大化。

波士顿矩阵是一种规划企业产品组合的方法，能够有效地对企业的产品结构或新媒体营销布局进行分析。数据分析人员可以利用波士顿矩阵图分析企业各个新媒体营销渠道的成交额占比和环比增长率情况，从而找到盈利能力较强的新媒体营销渠道进行重点运营。

下面以某企业各新媒体营销渠道 2022 年和 2023 年的成交额占比数据为例，如图 7-36 所示，使用波士顿矩阵图展示各新媒体营销渠道的成交额占比和环比增长率情况。

	A	B	C	D	E
1	各新媒体营销渠道2022年和2023年的成交额占比情况				
2					
3	新媒体平台	2022年	2023年		
4	微信	9.16%	6.21%		
5	微博	3.12%	2.58%		
6	抖音	19.67%	23.22%		
7	快手	8.53%	9.95%		
8	淘宝	24.59%	24.28%		
9	京东	12.52%	10.52%		
10	拼多多	13.39%	12.19%		
11	美团	3.81%	4.02%		
12	小红书	3.31%	4.76%		
13	今日头条	1.90%	2.27%		
14					

图 7-36 某企业各新媒体营销渠道 2022 年和 2023 年的成交额占比数据

（1）在表格中的 D 列增加一列"环比增长率"，并计算 2023 年成交额的环比增长率，

2023年成交额的环比增长率=（2023年成交额占比-2022年成交额占比）÷2022年成交额占比。选中D4单元格，输入公式"=(C4–B4)/B4"，如图7-37所示。

图7-37 输入公式

（2）按Enter键得出计算结果，并快速填充D5:D13单元格区域的公式，如图7-38所示。

图7-38 复制公式

（3）选中C列和D列的数据区域，插入一个散点图，如图7-39所示。

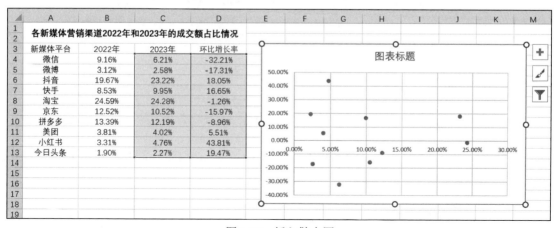

图7-39 插入散点图

【提示】在选择数据区域时，只选择数值的部分，标题部分不需要选中，本例中选择C4:D13单元格区域即可。

为了更清晰直观地展现这两组数据，可以调整散点图的坐标轴以达到四个象限的展示效果。将2023年成交额占比数据和环比增长率各设一个平均值，高于2023年成交额占比平均值的在第一、四象限，反之则在第二、三象限；高于环比增长率平均值的在第一、二象限，反之则在第三、四象限。

（4）在工作表中，选中任意两个空白单元格，输入公式"=AVERAGE(C4:C13)"，计算2023年成交额占比的平均值；输入公式"=AVERAGE(D4:D13)"，计算2023年成交额环比增长率的平均值，如图7-40所示。

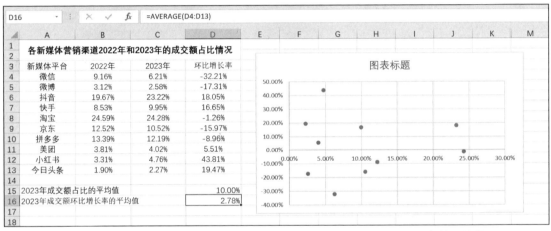

图7-40　计算2023年成交额占比的平均值和2023年成交额环比增长率的平均值

（5）选中图表中的横坐标轴区域，右击，在弹出的菜单中选择"设置坐标轴格式"命令，如图7-41所示。

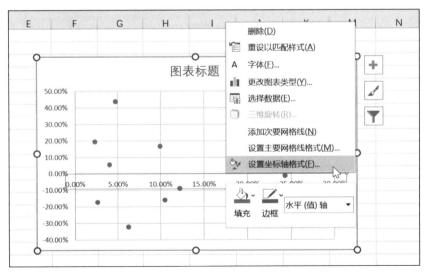

图7-41　选择"设置坐标轴格式"命令

（6）工作表右侧弹出"设置坐标轴格式"窗格，在"设置坐标轴格式"窗格的"纵坐标轴交叉"选项中，选中"坐标轴值"单选按钮，并输入横坐标与纵坐标的交叉值。因为2023年成交额占比的平均值为10.00%，所以将横坐标与纵坐标的交叉值设置为0.1，这里需要输入的"坐标轴值"为0.1，如图7-42所示。

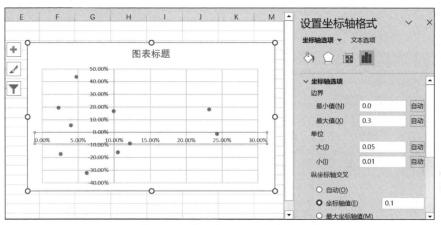

图7-42　设置横坐标与纵坐标的交叉值

（7）按同样的方法选中图表中的纵坐标轴区域，右击，在弹出的菜单中选择"设置坐标轴格式"命令，然后在弹出的"设置坐标轴格式"窗格中，将纵坐标与横坐标的交叉值设置为0.03（2023年成交额环比增长率的平均值为2.78%），如图7-43所示。

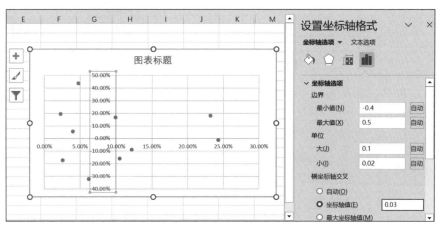

图7-43　设置纵坐标与横坐标的交叉值

（8）为了更清晰地突出每个散点，还需要对散点图进行细化，删除坐标的数值。选中横坐标轴区域，右击，在弹出的菜单中选择"设置坐标轴格式"命令；接着在弹出的"设置坐标轴格式"窗格中，将"标签位置"设置为"无"，如图7-44所示。

（9）按照同样的方法，删除纵坐标轴的数值，删除坐标轴数值以后的效果，如图7-45所示。

（10）选中网格区域中的任意一条横线，右击，在弹出的菜单中选择"设置网格线格式"命令，如图7-46所示。

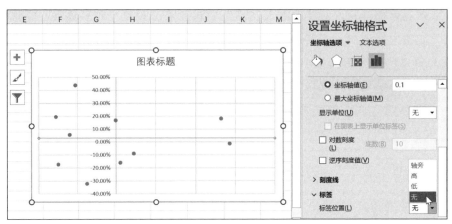

图 7-44 删除横坐标轴的数值

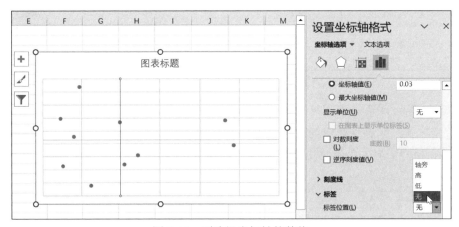

图 7-45 删除纵坐标轴的数值

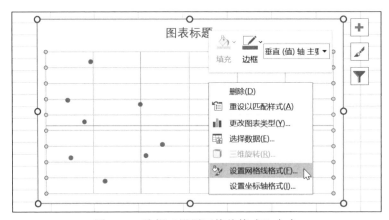

图 7-46 选择"设置网格线格式"命令

（11）在弹出的"设置主要网格线格式"窗格中，选中"线条"选项中的"无线条"单选按钮，即可删除网格线中的横线，如图 7-47 所示。

（12）按照同样的方法删除网格线中的竖线，删除网格线条以后的效果，如图 7-48 所示。

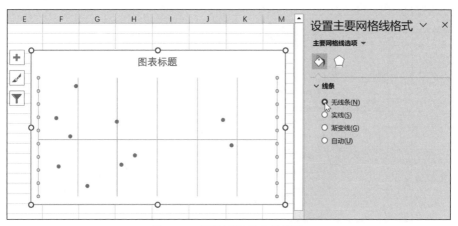

图 7-47 删除网格线中的横线

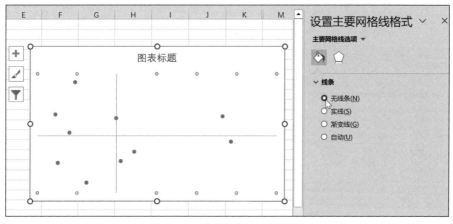

图 7-48 删除网格线中的竖线

（13）选中图表中任意一个散点，右击，在弹出的菜单中选择"添加数据标签"命令，即可为所有散点添加数据标签，如图 7-49 所示。

图 7-49 添加数据标签

（14）再次选中图表中任意一个散点，右击，在弹出的菜单中选择"设置数据标签格式"命令，如图 7-50 所示。

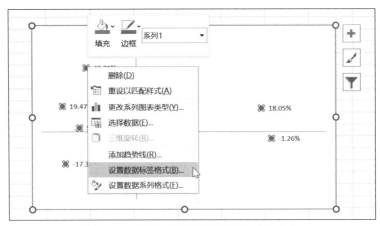

图 7-50 选择"设置数据标签格式"命令

（15）弹出"设置数据标签格式"窗格，在标签选项中勾选"单元格中的值"复选框，这时会弹出"数据标签区域"对话框，选择对应的数据标签区域（这里为 A4:A13 单元格区域），点击"确定"按钮，如图 7-51 所示。

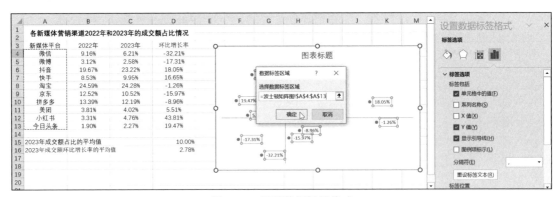

图 7-51 设置数据标签格式

（16）为了图表的美观，在"设置数据标签格式"窗格的标签选项中取消勾选"Y 值"复选框，如图 7-52 所示。

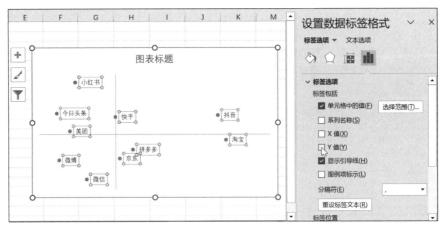

图 7-52 取消勾选"Y 值"复选框

（17）最后插入相应的"象限"文本，并修改图表标题，该波士顿矩阵图的最终效果如图 7-53 所示。

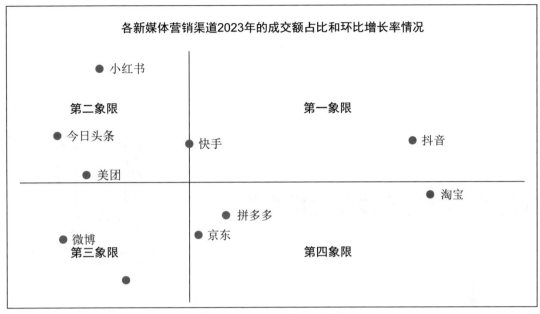

图 7-53　波士顿矩阵图的效果

位于第一象限的新媒体营销渠道，其成交额占比和增长率都比较高，是企业当前需要重点关注和运营的新媒体营销渠道；位于第二象限的新媒体营销渠道，其成交额占比较低，但环比增长率还是比较高的，运营者可以继续留意第二象限的新媒体营销渠道，这些新媒体营销渠道有可能会成为企业下一阶段的主要营销渠道；位于第三象限的新媒体营销渠道，其成交额占比和增长率都比较低，建议运营者减少在这些新媒体营销渠道上的投入，或者适当放弃一部分位于第三象限的新媒体营销渠道；位于第四象限的新媒体营销渠道，其成交额占比较高，但环比增长率还是比较低，同样建议运营者适当减少这部分新媒体营销渠道的运营投入。

课后作业

1. 请简述各类常用图表的适用情况。

2. 选择一张合适的可视化图表来展示 2023 年小红书账号的粉丝增长情况，并对图表进行简要的分析和说明。

项目 8　新媒体数据分析报告

在完成新媒体数据分析的整个流程以后，还有一项重要的工作就是撰写数据分析报告，针对整个数据分析工作进行总结和汇报。数据分析的目的是将数据转化成有价值的信息，而数据分析报告则是对数据分析过程的总结与展现，通过报告的形式将数据分析的目的、过程、结果以及方案建议完整地展现出来，为决策者制定运营策略提供重要的参考依据。

本项目介绍新媒体数据分析报告作用和类别，并详细讲解如何撰写新媒体数据分析报告。

任务 8.1　新媒体数据分析报告概述

在完成新媒体数据分析和新媒体数据可视化处理之后,新媒体数据分析人员需要将数据分析结果制作成数据分析报告,使其更利于交流和保存。下面介绍新媒体数据分析报告的作用和类别。

子任务 8.1.1　新媒体数据分析报告的作用

一般情况下,通过数据采集、处理和分析,能获得一个较为完整的数据结果。但即使进行了数据可视化处理,这些纯粹的数字和图表,也还是让很多信息接收者感到一头雾水,无法有效地进行内部交流。这时就需要通过数据分析报告进一步对数据分析结果进行解说和展示,使数据分析结果易于理解与留存。

新媒体数据分析报告对于企业和组织在新媒体营销和运营中具有重要的作用。它不仅为决策提供数据支持,评估和优化营销策略,还监测品牌声誉,发现市场机会和趋势,评估投资回报率。通过数据驱动分析,新媒体数据分析报告可以帮助企业迅速适应变化的市场环境,提升竞争力和业务成果。

新媒体数据分析报告的作用主要体现在以下几方面。

1. 提供数据驱动的决策依据

新媒体数据分析报告通过对用户行为、内容互动、社交媒体趋势等数据进行深入分析,为决策者提供全面、准确的数据支持。这些数据可以帮助决策者了解用户喜好、市场趋势、竞争对手策略等,从而做出更明智的决策。

2. 评估和优化新媒体营销策略

通过新媒体数据分析报告,可以评估和优化新媒体营销策略的效果和成果。报告中包含的数据指标和分析结果,能够揭示不同渠道、媒体和内容的表现,帮助营销团队确定有效的推广和营销策略,并以数据为基础进行持续优化。

3. 监测品牌声誉和用户反馈

新媒体数据分析报告可以监测和评估品牌声誉和用户反馈。通过分析用户评论、社交媒体舆情、在线调查等数据,可以了解用户对品牌的态度、倾向和反馈。这可以帮助企业及时回应用户需求、改进产品和服务,从而提升品牌形象和用户满意度。

4. 发现市场机会和趋势

新媒体数据分析报告能够帮助企业发现市场机会和趋势。通过对市场数据、用户行为和竞争状况的分析,可以洞察潜在受众的需求,了解竞争对手的策略,发现市场的空缺和增长点。这可以为企业提供战略指导,帮助企业在竞争激烈的市场中保持竞争优势。

5. 评估投资回报率（ROI）

对新媒体投资的评估是企业管理者关注的重要问题。新媒体数据分析报告能够量化和评估新媒体投资的回报率，即投资在新媒体上所获得的业绩和效益。通过对关键指标和KPI的分析，可以帮助企业了解投资的效果，并优化投资策略。

6. 便于沟通与交流

跨部门沟通与部门内部交流是新媒体数据分析报告的重要作用。由于企业的新媒体团队需要与领导和其他部门进行信息交流和共享，而其他部门人员可能缺乏新媒体专业知识，因此数据分析报告能够将数据分析的来龙去脉、数据采集思路、数据处理方法、数据规律和结论等展示清楚，便于非专业人士理解。此外，在新媒体部门内部，数据分析报告也能够为不同运营模块提供数据支持，保证部门的精细化运作。

7. 档案留存

新媒体数据分析结果需要作为数据档案，留存于企业资料库。为便于后续相关人员的查阅，需要将数据结果转换成报告进行留存。另外，每一次数据分析的过程都会略有不同，数据挖掘、处理、分析等环节的执行步骤及异常处理过程都是非常宝贵的新媒体运营经验，因此，除数据本身外，数据分析的整体过程也需要作为档案进行留存。

子任务 8.1.2　新媒体数据分析报告的类别

新媒体数据分析报告主要包括日常运营报告、专项研究报告及行业分析报告，如图 8-1 所示。其中，日常运营报告和专项研究报告属于内部报告；行业分析报告属于外部报告。

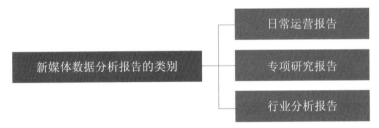

图 8-1　新媒体数据分析报告的类别

1. 日常运营报告

日常运营报告是指新媒体部门按汇报周期撰写的新媒体数据分析报告，用于汇报日常新媒体运营的状况，属于定期报告。日常运营报告包括日报、周报、月报、季报和年报，如《网站流量日报》《微信公众号粉丝周报》《短视频播放量月报》《直播间销售额年报》等。

日常运营报告的重点是表头设计与流程固化。首先，日常运营报告是一种常规报告，一旦表头设计好以后，一个阶段内就不需要频繁变动了，这样便于阅读者对比和分析。其次，日常运营报告一般需要各运营部门提供一个分析周期内的数据，因此，保持固定的数据获取方式和团队内部交付方式，有助于提升日常运营报告的制作效率。

2. 专项研究报告

专项研究报告是指针对某个特定问题而进行的数据分析与汇报，如《新品推广活动效果报告》《抖音粉丝增长来源分析报告》《微信公众号流量异常分析报告》等。

专项研究报告不同于日常运营报告，不能只提供表面的数字分析报告，需要将待解决的问题进行层层挖掘，力争找到问题的根源。另外，专项研究报告也不能只分析问题，不解决问题。因此，专项研究报告中除了呈现分析问题的过程和思路，还必须提供解决问题的方案或建议。

3. 行业分析报告

行业分析报告是指针对行业整体的新媒体运营情况和同行的新媒体运营情况进行汇报，从而帮助阅读者掌握行业整体的新媒体运营趋势。

由于对同行的内部运营数据通常无法直接获取，因此，行业分析报告主要是对行业的整体分析及同行的日常数据监测。其中，整体分析是指借助百度指数、微信指数等数据分析工具，研究行业整体的新媒体运营情况和规律；同行分析是指对同行的外部数据进行统计和分析，如对同行的微博粉丝数、微信公众号阅读数、网店销量等数据进行统计分析。

任务 8.2　撰写新媒体数据分析报告

新媒体数据分析的结果，需要通过新媒体数据分析报告进行呈现。要想撰写出一份具有参考价值的新媒体数据分析报告，就需要掌握新媒体数据分析报告的撰写原则、撰写思路、撰写流程及撰写要点。

子任务 8.2.1　新媒体数据分析报告的撰写原则

数据分析报告是通过对项目数据进行全面而科学的分析来评估项目的可行性，从而为项目的决策者提供科学而严谨的决策依据，以降低项目运营风险，提高企业核心竞争力。撰写新媒体数据分析报告通常应遵循 3 个原则，如图 8-2 所示。

图 8-2　新媒体数据分析报告的撰写原则

1. 规范性原则

在撰写数据分析报告时，需要遵循规范性原则。这意味着报告中所使用的名词术语应该标准、规范，遵循行业或领域的通用标准或规范。这样可以使报告更具可读性和易于理解。

为使报告更具可读性，数据分析人员应该站在读者的角度来撰写分析报告。应该使用简单易懂的语言和术语，避免使用过于专业或生涩难懂的名称。这样可以使报告易于阅读和理解，帮助读者更好地掌握数据分析的结果和结论。

2. 重要性原则

在编写数据分析报告时，要遵循重要性原则。这意味着报告应突出显示数据分析的关键点，并在分析过程中选取可信度高的数据源作为评价指标，构建可靠的相关模型，进行专业的科学分析。

在进行数据分析时，应按照问题的严重程度或重要性来分类和排序分析结论。为此，数据分析人员应把握重点内容，确保分析项目能够得出一个明确的结论。

3. 谨慎性原则

在撰写数据分析报告时，需要遵循谨慎性原则。这意味着在整个分析过程中必须审慎和客观。在采集基础数据时，应确保数据的真实性和可靠性，同时具有充分的说服力，能够为后续的分析提供有力的支持。

在数据分析过程中，必须采用科学合理的方法，全面且有逻辑地进行数据分析。这包括在报告中提供详细且严谨的数据分析推导过程，确保结论的得出是基于客观和全面的数据分析，而非过于主观或猜测性的推论。

此外，报告的内容也必须坚持实事求是的原则。数据分析人员不应回避或忽视可能产生的"不良结论"，而应在报告中直接呈现。这有助于提高报告的可信度和有效性，同时也展示了对数据和读者的负责任态度。

子任务 8.2.2　新媒体数据分析报告的撰写思路

撰写数据分析报告需要具有清晰的思路，这样才能更好地将数据分析的过程和结论呈现在决策者的面前。下面为大家介绍一套通用的数据分析报告撰写思路，即依次思考并回答以下 6 个问题，如图 8-3 所示。

1. 发生了什么

撰写数据分析报告首先需要将数据分析的结果展现出来。例如，利用对比法展示某网店 1—4 月的销售额情况，如图 8-4 所示。

数据分析人员在撰写分析报告时，要就图表内容进行一系列的文字说明。从图中可以直观地看到该网店 1—4 月的销售额数据，那么发生了什么，数

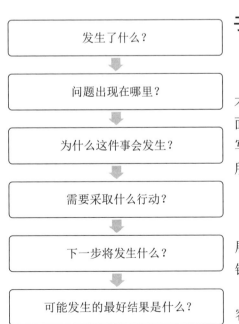

图 8-3　新媒体数据分析报告的撰写思路

据分析人员需要将这个问题回答出来，即 4 月的销售额为 30 593 元，相较于 3 月的销售额（52 812 元）环比下降了 42.07%（（52 812-30 593）/52 812）。

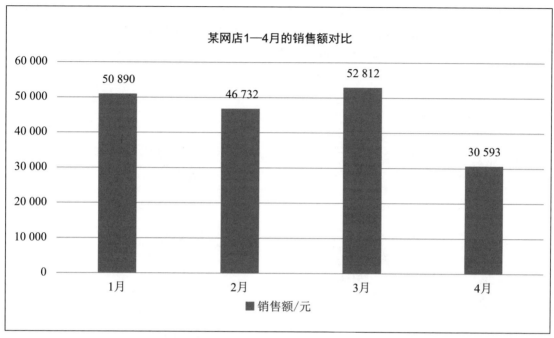

图 8-4　某网店 1—4 月的销售额对比

【提示】撰写数据分析报告既要尊重客观事实，又要适当提醒读者重点关注的地方，比如本案例中 4 月的销售额数据，以及 4 月销售额的下降幅度等。

2. 问题出现在哪里

通过第一个问题，能够让数据分析报告的接收者了解发生了什么，接下来数据分析人员就需要去找到问题所在，回答第二个问题。

例如，通过前一个问题，知道了该网店 4 月的销售额下降了，那么现在就需要去弄清楚到底是什么原因导致该网店 4 月的销售额下降了？

分析这个问题需要运用到拆解法，根据销售额公式：销售额 = 访客数 × 转化率 × 客单价，将销售额的问题拆解成 3 个子问题，具体分析问题出在哪个指标上。某网店 1—4 月的访客数、转化率、客单价数据，如表 8-1 所示。

表 8-1　某网店 1—4 月的访客数、转化率、客单价数据

月　份	访　客　数	转　化　率	客单价/元
1 月	1780	19.06%	150
2 月	1407	22.14%	150
3 月	1592	22.16%	150
4 月	1627	12.56%	150

从上述表格中可以看到 4 月网店的访客数和客单价相较前几个月并没有出现明显的下滑，只有转化率出现了较大幅度的下降，因此可以初步判断该网店 4 月销售额的下滑是转化率的问题。

知道是转化率的问题以后，接下来就需要对转化率进行调查分析。通过细分转化率可以发现，转化率变动的因素与询单转化率有关，主要是询单转化率的变化影响了总体转化率的变化，如图 8-5 所示。

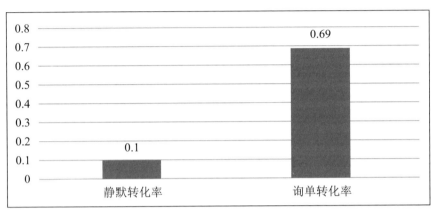

图 8-5　转化率对比图

通过分析发现该网店的询单转化率环比下降了 19%，网店中两个客服人员的询单转化率均出现了不同程度的下降，A 客服人员的询单转化率环比下降了 4.2%，B 客服人员的询单转化率环比下降了 29.5%。

3. 为什么这件事会发生

这个问题不能单从数据层面进行解释，还需要从业务层面去了解相关情况。从而找到问题出现的根源。例如，本案例中如果只是告诉报告接收者，因为询单转化率降低导致销售额下降，是没有任何意义的。数据分析人员，需要在分析报告中阐述为什么询单转化率会降低，因为这才是问题的根源所在。

那么，为什么这件事会发生？通过与相关的业务人员进行沟通，数据分析人员了解到了询单转化率降低的真正原因，如图 8-6 所示。

4. 需要采取什么行动

数据分析人员的工作是为了帮助决策者解决问题的，因此数据分析人员需要具备一定的业务能力，能够在数据分析报告中给出具有可行性的建议方案。例如，本案例中数据分析人员给出的建议方案，如图 8-7 所示。

为什么这件事会发生？	需要采取什么行动？
通过与相关的业务人员进行沟通，发现 A 客服人员因为家中突发变故，请假半个月，其请假期间的工作由 B 客服人员暂时接替。因此，B 客服人员工作负荷加大，从而导致询单转化率下降。	增加网店客服人员的储备，建议至少配备 3 名以上的客服人员，采取轮班制度。如遇紧急情况（临时有客服人员离岗，或节日大促等客服工作量较大时），可从仓库、美工等其他岗位调动人员支援客服岗位。

图 8-6　询单转化率降低的真正原因　　　　图 8-7　数据分析人员给出的建议方案

5. 下一步将发生什么

下一步将发生什么？这个问题是为了告诉报告接收者，如果不及时解决前面的问题，那么在未来会出现什么样的情况。例如，本案例中如果不想办法减轻 B 客服人员的工作负荷，那么就会导致网店的询单转化率持续下降，进而导致网店的销售额也持续走低。

6. 可能发生的最好结果是什么

数据分析报告不仅要告诉报告接收者如果不及时解决发现的问题，将来会面临什么情况；还要告诉报告接收者，如果按照建议方案解决问题以后，会得到一个什么结果。例如，在本案例中如果按照数据分析人员的建议配备足够的客服人员，就可改善当前客服人员工作负荷过大的情况，进而提升网店的询单转化率和销售额。

子任务 8.2.3　新媒体数据分析报告的撰写流程

新媒体数据分析报告的撰写流程与新媒体数据分析的流程很相似，可以理解为是对数据分析流程的优化和处理。新媒体数据分析报告的撰写流程分为 5 个步骤，如图 8-8 所示。

图 8-8　新媒体数据分析报告的撰写流程

（1）拆解问题：不管是进行数据分析，还是撰写数据分析报告，第一步都是要先明确分析目的。比如，在新媒体数据分析中，首先需要对企业的新媒体运营需求进行分析，通过拆分法拆解出若干子问题。

（2）确定视角：进一步思考每一子问题的解决方法，每一子问题的观察视角便是数据分析报告的框架。

（3）收集数据：确定了数据分析报告的框架以后，根据不同的分析视角收集数据。

（4）制作素材：将收集到的数据制作成报告的素材，如各类表格、图表等。

（5）报告撰写：最终将素材整理到 Word 文档或 PPT 演示文稿中，再搭配上文字阐述即可。

> 【提示】新媒体数据分析报告中的文字阐述分为客观描述和主观建议。其中，客观描述是指基于数据的客观表述；主观建议是指报告者对数据信息的高度提炼及应对策略。

子任务 8.2.4　新媒体数据分析报告的撰写要点

新媒体数据分析报告不仅可以展现新媒体数据分析的成果，同时也可以作为评判企业新媒体运营工作的定性结论。撰写数据分析报告是每一个数据分析人员都要掌握的必备技能，新媒体数据分析报告撰写的基本要点总结如下。

1. 报告的目的和背景

明确报告的目的和背景，说明为什么要进行数据分析以及对哪些问题进行分析。简要介绍报告的背景情况和分析的数据来源。

2. 数据收集和清洗

说明数据的收集方法和数据清洗的过程。包括数据的获取途径、数据样本的选择和数据清洗的步骤，确保数据的准确性和可靠性。

3. 数据分析方法

说明所使用的数据分析方法和算法。例如，可以采用统计分析、机器学习或文本挖掘等方法，针对不同问题选择相应的分析方法。

4. 数据分析结果

根据所选的分析方法，对数据进行分析并呈现结果。可以使用表格、图表、图像或可视化工具展示数据分析的结果，以便于读者理解和解读。

5. 结果解释和讨论

对数据分析结果进行解释和讨论，阐述结果的意义和影响。对于发现的趋势、模式和关联关系，进行分析和解读，并说明其对业务决策的影响。

6. 结论和建议

根据数据分析的结果，给出明确的结论和相应的建议。结论应该清晰明确，建议应具有可操作性和可实施性，以帮助决策者做出正确的决策。

7. 报告的结构和布局

报告应具有良好的结构和布局，包括标题、摘要、引言、方法和数据、分析结果、讨论与解释、结论和建议等部分。每部分的内容都应该清晰明了，有层次感。

8. 语言和表达

使用简洁明了的语言，避免使用复杂的术语和技术名词。文笔要流畅，表达要准确，尽量避免拖沓和啰唆。

9. 图表和可视化展示

合理利用图表、表格、图像和可视化展示工具，使数据分析结果更加直观和易懂。选择适当的图表类型和数据可视化方式，以突出重点和趋势。

10. 数据报告的完整性和可靠性

确保报告的完整性和可靠性，包括准确的数据分析、合理的结论和建议、适当的引用和参考文献等。数据报告应该经过充分的审校和检查，避免错误和不准确的内容。

总之，新媒体数据分析报告的撰写要点是明确目的和背景、采集和清洗数据、选择适当的分析方法、呈现结果和解释、给出结论和建议等，以确保报告的准确性和实用性。

课堂实训　撰写"企业新媒体账号推广费用与推广效果专项研究报告"

某企业近年来，为拓展产品销售渠道，积极布局新媒体赛道，企业在淘宝、抖音、快手和小红书等多个新媒体平台上注册账号进行推广营销，并不断加大对各新媒体账号的投入。

企业新媒体部的数据分析人员发现该企业一周（2023年10月16日—2023年10月22日）新媒体账号的推广费用有所增加，但推广效果却并不明显（商品销量没有增长）。因此，数据分析人员针对企业"近期企业新媒体账号推广费用增加，但推广效果不明显"这一问题做了专项研究，并撰写了一份"企业新媒体账号推广费用与推广效果专项研究报告"。

"企业新媒体账号推广费用与推广效果专项研究报告"属于新媒体数据专项研究报告，需要针对某个新媒体事件或问题逐层分析，然后找到问题源头，并在报告中给出明确的研究建议。因此，该报告的内容共分为4部分，分别是问题表述、研究思路、研究过程及分析结论与建议。

1. 问题表述

"企业新媒体账号推广费用与推广效果专项研究报告"的第一部分内容为问题表述，即阐述数据分析的目的。在该报告中需要解决的问题是"近期新媒体推广费用增加，但推广效果不明显"，分解问题后可以发现在该专项研究中实际需要解决的问题有两个：一是推广费用落实问题；二是推广效果跟踪问题，如图8-9所示。

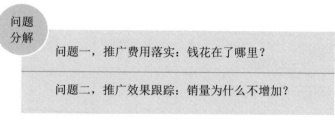

图8-9　专项研究报告的问题表述

2. 研究思路

"企业新媒体账号推广费用与推广效果专项研究报告"的第二部分内容为研究思路，明确了需要解决的问题后，则需要逐层拆解问题。

首先，要解决推广费用落实问题，需要研究企业3个月（8月、9月、10月）的新媒体推广费用走势情况和1个月（10月）新媒体推广费用分配情况；其次，要解决推广效果跟踪问题,需要拆解与新媒体推广相关的结果数据,包括新增粉丝数量、文章阅读量/短视频播放量、商品销量等数据,如图8-10所示。

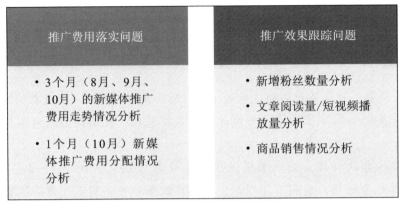

图8-10 专项研究报告的研究思路

3. 研究过程

"企业新媒体账号推广费用与推广效果专项研究报告"的第三部分内容展示的是研究过程。研究过程就是采集和处理研究思路中所提到的相关数据,在进行数据分析后得出相应的结论,并对数据进行解读。

该企业3个月(8月、9月、10月)的新媒体推广费用走势情况分析,如图8-11所示。通过对该企业近3个月的新媒体推广费用走势情况进行分析,可以看到该企业10月的新媒体推广费用相较于8月和9月确实有明显的增加。

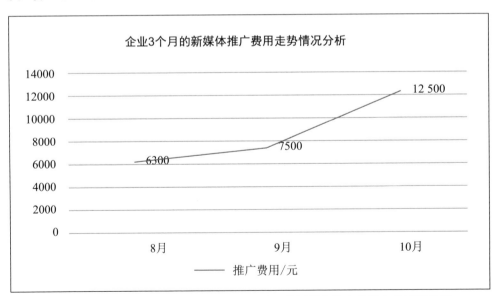

图8-11 该企业3个月(8月、9月、10月)的新媒体推广费用走势情况分析

该企业拥有淘宝、抖音、快手和小红书4个新媒体账号,1个月(10月)该企业在这4个新媒体账号上所花费的推广费用分配情况,如图8-12所示。

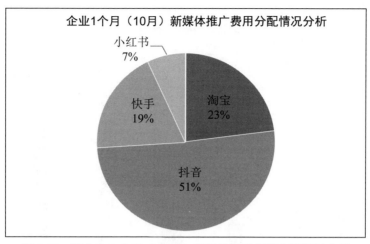

图 8-12　该企业 1 个月（10 月）新媒体推广费用分配情况分析

从图 8-12 中可以看到，10 月企业的新媒体推广费用主要用于抖音号的推广，其中 51% 的费用用于抖音号推广，因此，这里重点研究与抖音号推广相关的结果数据，包括抖音号的新增粉丝数量、短视频播放量和商品销量。

该企业一周（2023 年 10 月 16 日—2023 年 10 月 22 日）的抖音号新增粉丝数量分析，如图 8-13 所示。从图 8-13 中可以看到该企业一周抖音号累计增长了 1453 个粉丝，10 月 20 日新增粉丝数开始明显增多，10 月 21 日新增粉丝数最多，新增了 512 个粉丝。

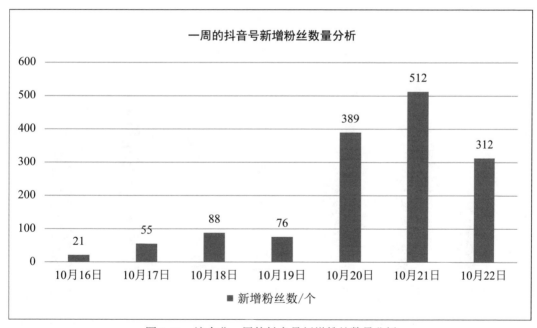

图 8-13　该企业一周的抖音号新增粉丝数量分析

该企业一周（2023 年 10 月 16 日—2023 年 10 月 22 日）抖音号的短视频播放量分析，如图 8-14 所示。从图 8-14 中可以看到该企业一周抖音号短视频作品的播放量也是从 10 月 20 日开始有了一个明显的增长，10 月 21 日达到峰值。

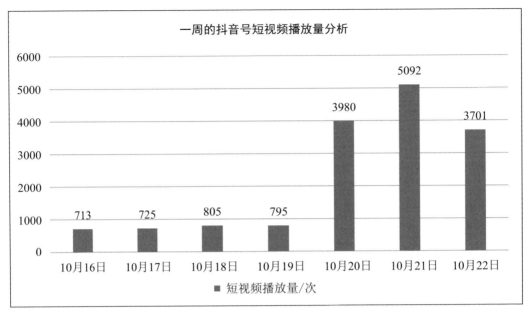

图 8-14 该企业一周的抖音号短视频播放量分析

该企业一周（2023年10月16日—2023年10月22日）的抖音号商品销售情况分析，如图 8-15 所示。从图 8-15 中可以看到，虽然该企业一周的新增粉丝数和短视频播放量均有较大幅度的提升，但销售转化效果并不明显，一周的总订单数仅为 316 件，日订单数均未超过 100 件。

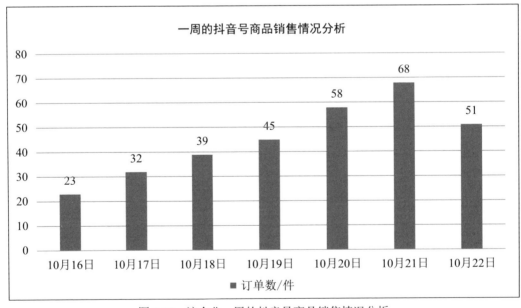

图 8-15 该企业一周的抖音号商品销售情况分析

4. 分析结论与建议

"企业新媒体账号推广费用与推广效果专项研究报告"的最后一个部分内容为分析结

论与建议。根据研究过程中对相关数据的处理和解读，可以就该企业近期新媒体账号的运营情况得出以下结论，如图8-16所示。

图8-16 分析结论

通过数据分析，我们可以得出的结论是该企业近期的新媒体推广费用主要用于抖音号推广，因为该企业一个月（10月）用于抖音号推广的费用为6375（12 500×51%），占总推广费用的51%。所以，该企业抖音号在新增粉丝和短视频播放量方面都取得了不错的效果，2023年10月16日—2023年10月22日一周累计新增粉丝1453个，累计短视频播放量为15 811次。但企业抖音号的商品销量并没有同新增粉丝数和短视频播放量一样，出现一个较大幅度的增长。

结合上述分析总结，对于该企业接下来的新媒体运营工作有如下几点建议。

（1）鉴于抖音号推广引流效果不错，可以继续加大对抖音号的推广力度。但在下一阶段的抖音号推广中，需要将推广重点放在销售转化方面。

（2）企业可以通过"短视频＋直播"的方式销售商品，增加商品的消费场景，促进商品销量的提升。

（3）10月20日企业抖音号的新增粉丝数量和短视频播放量都有明显的提升，说明企业在10月20日发布了一条很受欢迎的短视频作品。接下来企业可以对该条短视频作品进行深入分析，找出该条短视频作品受欢迎的原因，积累创作经验。

（4）企业抖音号新增粉丝数量和短视频播放量虽然都有显著提升，但商品销量却没有随之增长，说明该短视频作品的销售转化能力较差，还需要进一步优化短视频内容。创作商品短视频时，视频内容需要与商品相关联，可以多加入一些具有吸引力的元素，激发用户对商品的兴趣，促使用户点击购买商品。

课后作业

1. 请判断下列新媒体数据分析报告分别属于什么类别的新媒体数据分析报告。
（1）直播间转化率数据分析报告。
（2）网站流量月报。
（3）2023年餐饮行业新媒体运营数据分析报告。
（4）新产品短视频推广活动分析报告。
2. 根据新媒体数据分析报告的撰写思路，撰写一份抖音平台粉丝数据分析报告。

图书资源支持

感谢您一直以来对清华版图书的支持和爱护。为了配合本书的使用,本书提供配套的资源,有需求的读者请扫描下方的"书圈"微信公众号二维码,在图书专区下载,也可以拨打电话或发送电子邮件咨询。

如果您在使用本书的过程中遇到了什么问题,或者有相关图书出版计划,也请您发邮件告诉我们,以便我们更好地为您服务。

我们的联系方式:

清华大学出版社计算机与信息分社网站:https://www.shuimushuhui.com/

地　　址:北京市海淀区双清路学研大厦 A 座 714

邮　　编:100084

电　　话:010-83470236　010-83470237

客服邮箱:2301891038@qq.com

QQ:2301891038(请写明您的单位和姓名)

资源下载: 关注公众号"书圈"下载配套资源。

资源下载、样书申请

书圈

图书案例

清华计算机学堂

观看课程直播